U0525813

入唐求法巡礼记

中国佛学经典宝藏
———————————————
94

潘平 释译

星云大师总监修

人民东方出版传媒
东方出版社

《中国佛学经典宝藏》
大陆简体字版编审委员会

主任委员：赖永海

委　　员：(以姓氏笔画为序)

　　　　　王月清　王邦维　王志远　王雷泉

　　　　　业露华　许剑秋　吴根友　陈永革

　　　　　徐小跃　龚　隽　彭明哲　葛兆光

　　　　　董　群　程恭让　鲁彼德　温金玉

　　　　　潘少平　潘桂明　魏道儒

总序

星云

自读首楞严,从此不尝人间糟糠味;
认识华严经,方知已是佛法富贵人。

诚然,佛教三藏十二部经有如暗夜之灯炬、苦海之宝筏,为人生带来光明与幸福,古德这首诗偈可说一语道尽行者阅藏慕道、顶戴感恩的心情!可惜佛教经典因为卷帙浩瀚、古文艰涩,常使忙碌的现代人有义理远隔、望而生畏之憾,因此多少年来,我一直想编纂一套白话佛典,以使法雨均沾,普利十方。

一九九一年,这个心愿总算有了眉目。是年,佛光山在中国大陆广州市召开"白话佛经编纂会议",将该套丛书定名为《中国佛教经典宝藏》①。后来几经集思广

---

① 编者注:《中国佛教经典宝藏》丛书,大陆出版时改为《中国佛学经典宝藏》丛书。

益,大家决定其所呈现的风格应该具备下列四项要点:

一、启发思想:全套《中国佛教经典宝藏》共计百余册,依大乘、小乘、禅、净、密等性质编号排序,所选经典均具三点特色:

1. 历史意义的深远性
2. 中国文化的影响性
3. 人间佛教的理念性

二、通顺易懂:每册书均设有原典、注释、译文等单元,其中文句铺排力求流畅通顺,遣词用字力求深入浅出,期使读者能一目了然,契入妙谛。

三、文简意赅:以专章解析每部经的全貌,并且搜罗重要的章句,介绍该经的精神所在,俾使读者对每部经义都能透彻了解,并且免于以偏概全之谬误。

四、雅俗共赏:《中国佛教经典宝藏》虽是白话佛典,但亦兼具通俗文艺与学术价值,以达到雅俗共赏、三根普被的效果,所以每册书均以题解、源流、解说等章节,阐述经文的时代背景、影响价值及在佛教历史和思想演变上的地位角色。

兹值佛光山开山三十周年,诸方贤圣齐来庆祝,历经五载、集二百余人心血结晶的百余册《中国佛教经典宝藏》也于此时隆重推出,可谓意义非凡,论其成就,则有四点可与大家共同分享:

一、佛教史上的开创之举：民国以来的白话佛经翻译虽然很多，但都是法师或居士个人的开示讲稿或零星的研究心得，由于缺乏整体性的计划，读者也不易窥探佛法之堂奥。有鉴于此，《中国佛教经典宝藏》丛书突破窠臼，将古来经律论中之重要著作，做有系统的整理，为佛典翻译史写下新页！

二、杰出学者的集体创作：《中国佛教经典宝藏》丛书结合中国大陆北京、南京各地名校的百位教授、学者通力撰稿，其中博士学位者占百分之八十，其他均拥有硕士学位，在当今出版界各种读物中难得一见。

三、两岸佛学的交流互动：《中国佛教经典宝藏》撰述大部分由大陆饱学能文之教授负责，并搜录台湾教界大德和居士们的论著，借此衔接两岸佛学，使有互动的因缘。编审部分则由台湾和大陆学有专精之学者从事，不仅对中国大陆研究佛学风气具有带动启发之作用，对于台海两岸佛学交流更是帮助良多。

四、白话佛典的精华集萃：《中国佛教经典宝藏》将佛典里具有思想性、启发性、教育性、人间性的章节做重点式的集萃整理，有别于坊间一般"照本翻译"的白话佛典，使读者能充分享受"深入经藏，智慧如海"的法喜。

今《中国佛教经典宝藏》付梓在即，吾欣然为之作序，并借此感谢慈惠、依空等人百忙之中，指导编修；吉广舆等人奔走两岸，穿针引线；以及王志远、赖永海等大陆教授的辛勤撰述；刘国香、陈慧剑等台湾学者的周详审核；满济、永应等"宝藏小组"人员的汇编印行。他们的同心协力，使得这项伟大的事业得以不负众望，功竟圆成！

《中国佛教经典宝藏》虽说是大家精心擘划、全力以赴的巨作，但经义深邃，实难尽备；法海浩瀚，亦恐有遗珠之憾；加以时代之动乱，文化之激荡，学者教授于契合佛心，或有差距之处。凡此失漏必然甚多，星云谨以愚诚，祈求诸方大德不吝指正，是所至祷。

一九九六年五月十六日于佛光山

原版序
敲门处处有人应

《中国佛教经典宝藏》是佛光山继《佛光大藏经》之后,推展人间佛教的百册丛书,以将传统《大藏经》精华化、白话化、现代化为宗旨,力求佛经宝藏再现今世,以通俗亲切的面貌,温渥现代人的心灵。

佛光山开山三十年以来,家师星云上人致力推展人间佛教,不遗余力,各种文化、教育事业蓬勃创办,全世界弘法度化之道场应机兴建,蔚为中国现代佛教之新气象。这一套白话精华大藏经,亦是大师弘教传法的深心悲愿之一。从开始构想、擘划到广州会议落实,无不出自大师高瞻远瞩之眼光,从逐年组稿到编辑出版,幸赖大师无限关注支持,乃有这一套现代白话之大藏经问世。

这是一套多层次、多角度、全方位反映传统佛教文化的丛书,取其精华,舍其艰涩,希望既能将《大藏经》

深睿的奥义妙法再现今世，也能为现代人提供学佛求法的方便舟筏。我们祈望《中国佛教经典宝藏》具有四种功用：

一、是传统佛典的精华书

中国佛教典籍汗牛充栋，一套《大藏经》就有九千余卷，穷年皓首都研读不完，无从赈济现代人的枯槁心灵。《宝藏》希望是一滴浓缩的法水，既不失《大藏经》的法味，又能有稍浸即润的方便，所以选择了取精用弘的摘引方式，以舍弃庞杂的枝节。由于执笔学者各有不同的取舍角度，其间难免有所缺失，谨请十方仁者鉴谅。

二、是深入浅出的工具书

现代人离古愈远，愈缺乏解读古籍的能力，往往视《大藏经》为艰涩难懂之天书，明知其中有汪洋浩瀚之生命智慧，亦只能望洋兴叹，欲渡无舟。《宝藏》希望是一艘现代化的舟筏，以通俗浅显的白话文字，提供读者遨游佛法义海的工具。应邀执笔的学者虽然多具佛学素养，但大陆对白话写作之领会角度不同，表达方式与台湾有相当差距，造成编写过程中对深厚佛学素养与流畅白话语言不易兼顾的困扰，两全为难。

三、是学佛入门的指引书

佛教经典有八万四千法门，门门可以深入，门门是无限宽广的证悟途径，可惜缺乏大众化的入门导览，不易寻觅捷径。《宝藏》希望是一支指引方向的路标，协助十方大众深入经藏，从先贤的智慧中汲取养分，成就无上的人生福泽。

四、是解深入密的参考书

佛陀遗教不仅是亚洲人民的精神归依，也是世界众生的心灵宝藏。可惜经文古奥，缺乏现代化传播，一旦庞大经藏沦为学术研究之训诂工具，佛教如何能扎根于民间？如何普济僧俗两众？我们希望《宝藏》是百粒芥子，稍稍显现一些须弥山的法相，使读者由浅入深，略窥三昧法要。各书对经藏之解读诠释角度或有不足，我们开拓白话经藏的心意却是虔诚的，若能引领读者进一步深研三藏教理，则是我们的衷心微愿。

大陆版序一

《中国佛教经典宝藏》是一套对主要佛教经典进行精选、注译、经义阐释、源流梳理、学术价值分析,并把它们翻译成现代白话文的大型佛学丛书,成书于二十世纪九十年代,由台湾佛光文化事业有限公司出版,星云大师担任总监修,由大陆的杜继文、方立天以及台湾的星云大师、圣严法师等两岸百余位知名学者、法师共同编撰完成。十几年来,这套丛书在两岸的学术界和佛教界产生了巨大的影响,对研究、弘扬作为中国传统文化重要组成部分的佛教文化,推动两岸的文化学术交流发挥了十分重要的作用。

《中国佛学经典宝藏》则是《中国佛教经典宝藏》的简体字修订版。之所以要出版这套丛书,主要基于以下的考虑:

首先,佛教有三藏十二部经、八万四千法门,典籍浩瀚，博大精深，即便是专业研究者，穷其一生之精力，恐也难阅尽所有经典，因此之故，有"精选"之举。

其次，佛教源于印度，汉传佛教的经论多译自梵语；加之，代有译人，版本众多，或随音，或意译，同一经文，往往表述各异。究竟哪一种版本更契合读者根机？哪一个注疏对读者理解经论大意更有助益？编撰者除了标明所依据版本外，对各部经论之版本和注疏源流也进行了系统的梳理。

再次，佛典名相繁复，义理艰深，即便识得其文其字，文字背后的义理，诚非一望便知。为此，注译者特地对诸多冷僻文字和艰涩名相，进行了力所能及的注解和阐析，并把所选经文全部翻译成现代汉语。希望这些注译，能成为修习者得月之手指、渡河之舟楫。

最后，研习经论，旨在借教悟宗、识义得意。为了将其思想义理和现当代价值揭示出来，编撰者对各部经论的篇章品目、思想脉络、义理蕴涵、学术价值等所做的发掘和剖析，真可谓殚精竭虑、苦心孤诣！当然，佛理幽深，欲入其堂奥、得其真义，诚非易事！我们不敢奢求对于各部经论的解读都能鞭辟入里，字字珠玑，但希望能对读者的理解经义有所启迪！

习近平主席最近指出："佛教产生于古代印度，但传入中国后，经过长期演化，佛教同中国儒家文化和道家

《中国佛学经典宝藏》

华人佛学界顶级专家团队编撰。大陆首次引进简体中文版。

读得懂、买得起、藏得下的"白话精华大藏经"。

星云大师 总监修

"人间佛教"的践行本

❦ 专家推荐

星云大师常常说，佛学不是少数人的专利，它应该是每一个人都能够接触的。这套书推动了白话佛学经典的完成。

——依空法师

<small>佛光山长老，文学博士，印度哲学博士</small>

星云大师对编修《中国佛学经典宝藏》非常重视，对经典进行注、译，包括版本源流梳理，这对一般人去看经典、理解经典的思想，是有帮助的。

——赖永海

<small>南京大学教授，旭日佛学研究中心主任</small>

《中国佛学经典宝藏》精选了很多篇目，是能够把佛法的精要，比较全面地给予介绍。

——王志远

<small>中国社会科学院研究生院导师，中国宗教协会副会长</small>

《中国佛学经典宝藏》白话版系列丛书，共计132册，由星云大师总监修，大陆、台湾百余专家学者通力编撰而成。

丛书依大乘、小乘、禅、净、密等性质编号排序，将古来经律论中之经典著作，依据思想性、启发性、教育性、人间性的原则，做了取其精华、舍其艰涩的系统整理。每种经典都按原文、注释、译文等体例编排，语言力求通俗易懂、言简意赅，让佛学名著真正做到雅俗共赏；还以题解、源流、解说等章节，阐述经文的时代背景、影响价值及在佛教历史和思想演变上的地位角色。丛书还开创性地收录了一些有代表性的现代读本。

❦ 传统大藏经 VS 中国佛学经典宝藏

 第一回合

卷帙浩繁 VS **精华集萃**

普通人阅读没头绪、没精力、看不懂。　　星云大师亲筹132种书目，提纲挈领，方便读经。

 第二回合

古文艰涩 繁体竖排 VS **白话精译 简体横排**

佛经文辞晦涩，多用繁体竖排版：读经门槛高。　　经典原文搭配白话精译，既可直通经文，又可研习原典。

 第三回合

经义玄奥 难尝法味 VS **专家注解 普利十方**

微言大义，法义幽微，没有明师指引难理解。　　华人佛学界顶级专家精注精解，一通百通。

《中国佛学经典宝藏》目录

编号	书名	编号	书名	编号	书名
1	中阿含经	45	维摩诘经	89	法句经
2	长阿含经	46	药师经	90	本生经的起源及其开展
3	增一阿含经	47	佛堂讲话	91	人间巧喻
4	杂阿含经	48	信愿念佛	92	大乘本生心地观经
5	金刚经	49	精进佛七开示录	93	南海寄归内法传
6	般若心经	50	往生有分	94	入唐求法巡礼记
7	大智度论	51	法华经	95	大唐西域记
8	大乘玄论	52	金光明经	96	比丘尼传
9	十二门论	53	天台四教仪	97	弘明集
10	中论	54	金刚錍	98	出三藏记集
11	百论	55	教观纲宗	99	牟子理惑论
12	肇论	56	摩诃止观	100	佛国记
13	辩中边论	57	法华思想	101	宋高僧传
14	空的哲理	58	华严经	102	唐高僧传
15	金刚经讲话	59	圆觉经	103	梁高僧传
16	人天眼目	60	华严五教章	104	异部宗轮论
17	大慧普觉禅师语录	61	华严金师子章	105	广弘明集
18	六祖坛经	62	华严原人论	106	辅教编
19	天童正觉禅师语录	63	华严学	107	释迦牟尼佛传
20	正法眼藏	64	华严经讲话	108	中国佛教名山胜地寺志
21	永嘉证道歌·信心铭	65	解深密经	109	敕修百丈清规
22	祖堂集	66	楞伽经	110	洛阳伽蓝记
23	神会语录	67	胜鬘经	111	佛教新出碑志集萃
24	指月录	68	十地经论	112	佛教文学对中国小说的影响
25	从容录	69	大乘起信论	113	佛遗教三经
26	禅宗无门关	70	成唯识论	114	大般涅槃经
27	景德传灯录	71	唯识四论	115	地藏本愿经外二部
28	碧岩录	72	佛性论	116	安般守意经
29	缁门警训	73	瑜伽师地论	117	那先比丘经
30	禅林宝训	74	摄大乘论	118	大毗婆沙论
31	禅林象器笺	75	唯识史观及其哲学	119	大乘大义章
32	禅门师资承袭图	76	唯识三颂讲记	120	因明入正理论
33	禅源诸诠集都序	77	大日经	121	宗镜录
34	临济录	78	楞严经	122	法苑珠林
35	来果禅师语录	79	金刚顶经	123	经律异相
36	中国佛学特质在禅	80	大佛顶首楞严经	124	解脱道论
37	星云禅话	81	成实论	125	杂阿毗昙心论
38	禅话与净话	82	俱舍要义	126	弘一大师文集选要
39	释禅波罗蜜次第法门	83	佛说梵网经	127	《沧海文集》选集
40	般舟三昧经	84	四分律	128	《劝发菩提心文》讲话
41	净土三经	85	戒律学纲要	129	佛经概说
42	佛说弥勒上生下生经	86	优婆塞戒经	130	佛教的女性观
43	安乐集	87	六度集经	131	涅槃思想研究
44	万善同归集	88	百喻经	132	佛学与科学论文集

深入经藏,智慧如海。

本套佛学经典适合系统的修习、诵读和佛堂珍藏。

咨询电话:尤冲 010-8592 4661

手机淘宝
扫一扫

文化融合发展，最终形成了具有中国特色的佛教文化，给中国人的宗教信仰、哲学观念、文学艺术、礼仪习俗等留下了深刻影响。"如何去研究、传承和弘扬优秀佛教文化，是摆在我们面前的一个重要课题，人民东方出版传媒有限公司拟对繁体字版的《中国佛教经典宝藏》进行修订，并出版简体字版的《中国佛学经典宝藏》，随喜赞叹，寥寄数语，以叙因缘，是为序。

二〇一六年春于南京大学

大陆版序二

身材高大、肤色白皙、擅长军事的亚利安人，在公元前四千五百多年从中亚攻入西北印度，把当地土著征服之后，为了彻底统治这里的人民，建立了牢不可破的种姓制度，创造了无数的神祇，主要有创造神梵天、破坏神湿婆、保护神毗婆奴。人们的祸福由梵天决定，为了取悦梵天大神，需要透过婆罗门来沟通，因为他们是从梵天的口舌之中生出，懂得梵天的语言——繁复深奥的梵文，婆罗门阶级是宗教祭祀师，负责教育，更掌控了神与人之间往来的话语权。四种姓中最重要的是刹帝利，举凡国家的政治、经济、军事、文化等等都由他们实际操作，属贵族阶级，由梵天的胸部生出。吠舍则是士农工商的平民百姓，由梵天的膝盖以上生出。首陀罗则是被踩在梵天脚下的土著。前三者可以轮回，纵然几世轮转都无法脱离原来种姓，称为再生族；首陀罗则连轮回的因缘都没有，为不生族，生生世世为首陀罗，子孙也倒霉跟着宿命，无法改变身份。相对于此，贱民比首陀罗更为卑微、低贱，连四种姓都无法跻身其中，只能从事挑粪、焚化尸体等最卑贱、龌龊的工作。

出身于高贵种姓释迦族的悉达多太子，为了打破种姓制度的桎梏，舍弃既有的优越族姓，主张一切众生皆平等，成正等觉，创立了佛教僧团。为了贯彻佛教的平等思想，佛陀不仅先度首陀罗身份的优婆离出家，后度释迦族的七王子，先入山门为师兄，树立僧团伦理制度。佛陀更严禁弟子们用贵族的语言——梵文宣讲佛法，而以人民容易理解的地方口语来演说法义，这就是巴利文经典的滥觞。佛陀认为真理不应该是属于少数贵族、知识分子的专利或装饰，而应该更贴近普罗大众，属于平民百姓共有共知。原来佛陀早就在推动佛法的普遍化、大众化、白话化的伟大工作。

佛教从西汉哀帝末年传入中国，历经东汉、魏晋南北朝、隋唐的漫长艰巨的译经过程，加上历代各宗派祖师的著作，积累了庞博浩瀚的汉传佛教典籍。这些经论义理深奥隐晦，加以书写的语言文字为千年以前的古汉文，增加现代人阅读的困难，只能望着汗牛充栋的三藏十二部扼腕慨叹，裹足不前。

如何让大众轻松深入佛法大海，直探佛陀本怀？佛光山开山宗长星云大师乃发起编纂《中国佛教经典宝藏》。一九九一年，先在大陆广州召开"白话佛经编纂会议"，订定一百本的经论种类、编写体例、字数等事项，礼聘中国社科院的王志远教授、南京大学的赖永海教授分别为中国大陆北方与南方的总联络人，邀请大陆各大学的佛教学者撰文，后来增加台湾部分的三十二本，是为一百三十二册的《中国佛教经典宝藏精选白话版》，于一九九七年，作为佛光山开山三十周年的献礼，隆重出版。

六七年间我个人参与最初的筹划，多次奔波往来于大陆与台湾，小心谨慎带回作者原稿，印刷出版、营销推广。看到它成为佛教徒家中的传家宝藏，有心了解佛学的莘莘学子的入门指南书，为星云大师监修此部宝藏的愿心深感赞叹，既上契佛陀"佛法不舍一众"的慈悲本怀，更下启人间佛教"普世益人"的平等精神。尤其可喜者，欣闻现大陆出版方东方出版社潘少平总裁、彭明哲副总编亲自担纲筹划，组织资深编辑精校精勘；更有旅美企业家鲁彼德先生事业有成之际，秉"十方来，十方去，共成十方事"之襟怀，促成简体字版《中国佛学经典宝藏》的刊行。今付梓在即，是为序，以表随喜祝贺之忱！

二〇一六年元月

目 录

题 解 001

经 典 019

  1　扬州见闻　021

  2　从赤山到五台　069

  3　五台巡礼　122

  4　长安求法　169

  5　会昌法难　190

源 流 237

  1　最澄、圆仁与天台宗　239

  2　《入唐记》与会昌法难　242

    唐代的宗教政策　242

    会昌法难　245

  3　入唐八家　252

  4　日本佛教史中的圆仁　259

解　说　261

附　录　269

参考书目　311

《入唐求法巡礼记》，四卷，又名《入唐求法巡礼行记》《入唐巡礼记》《五台山巡礼记》，简称《入唐记》，作者（日僧）圆仁。本书是他在日本承和五年至十四年，唐开成三年至大中元年即公元八三八—八四七年在中国学习佛法朝觐圣地时的日记，也是对唐代当时的宗教、社会、政治、经济等各方面情况的一个实录。被日本学者称为"东洋学界至宝"。

《入唐记》原书散佚，但有多种抄本流传。据日本后三条天皇延久年间渡海入宋的日僧成寻（公元一〇一一—一〇八一年）在所撰《参天台五台山记》中所载，延久四年（宋神宗熙宁五年，公元一〇七二年）十月十四日谒见宋神宗时，曾呈进《入唐记》前三卷（成寻的文章中称为慈觉大师《巡礼记》三卷）。由此可见当时已有《入唐记》写本传世了。

此后，日本佛教日莲宗创始人日莲上人（公元一二二二——一二九三年）在一二六〇年将自己所撰《立正安国论》上呈幕府执政北条时赖时，曾提到过这部《入唐记》；再后，东大寺学僧宗性（公元一二〇六——一二九三年）撰写《弥勒感应抄》时，亦曾引述《入唐记》开成五年二月十四日、七月十六日等涉及弥勒佛的记载。像《睿岳要记》《元亨释书考》等著述中亦屡有引述。而其抄本在镰仓幕府（公元一一九二——一三三三年）时期仍在寺僧以及学者中流传。此后的室町幕府（公元一三三八——一五七三年）时期则默默无闻。

到明治十六年（公元一八八三年），养鸬彻定、三上参次博士等在京都东寺的观智院先后发现了该处所收藏的《入唐记》的古抄本，日本朝野为之震动。明治三十一年，被指定为国宝。这就是所谓的"东寺观智院藏本"，简称"东本"。该藏本高二十三点五厘米，宽十四厘米，每半页七行半，每行十八字左右，由卷四末的附记可以看出是本系一个住在京都圆山长乐寺的僧人兼胤法师所抄，兼胤在抄写时还依据一个叫宽圆的僧正的另一抄本做了校勘。兼胤和宽圆的事迹都已失考（有人认为宽圆便是法印宽圆，录此聊备一说）。

除"东本"外，另一种抄本为"池田长田氏藏本"，据该本卷后所记，为日本信浓北佐久郡（今长野县）津金教寺住持法印大僧都长海所抄，为文化二年（公元一八〇五年）所录，所据为松禅院本，可能与"东本"不是同一系统。可惜池田藏本（又称"津金本"）一向秘藏，没有公开，故只能依据排印本（公元一九一四年，日本天台宗宗务厅文书课将"池本"作底本，参校"东本"和"国本"，作为《四明余霞》一书的附录影印发行，简称"《四明余霞》本"）窥其一斑。

在二十世纪初，《入唐记》开始有刊本行世。明治四十年，日本国书刊行会将"东本"排印出版，简称"国本"。大正七年，南条文雄和高楠顺次郎等人将此书收入《大日本佛教全书·游方传丛书》，该书以"东寺观智院本"为底本，校以池田藏本和《四明余霞》本"。参与这项工作的还有辻善之助、和田英松、黑板胜美、藤田明等。台北文海出版社有限公司在一九七一年曾影印出版了此版本。我们的注释工作就是以它为底本进行的。

到大正十五年（公元一九二六年），《东洋文库》为使被列为国宝的"东本"得以保存和流传，将"东本"影印，作为《东洋文库论丛》第七，附篇发行，内容包括本文四册和说明一册，据说共印了三百部。

在中国，民国丙子年（公元一九三六年）仲春，曾

题 解 005

印行了《入唐记》的石印本，简称"丙子本"。"丙子本"将全书四卷改作四纪，纪一、纪二合订一册，共八十八页；纪三、纪四合订为下册，共七十页。每半页十一行，每行二十一字。刻工道地。上海图书馆所藏该版本系前上海南洋中学校长王培孙所藏书。"丙子本"对"东本"的衍字、脱漏与笔迹模糊之处有所删订补正，对"东本"和"佛教全书本"存在的明显书写和刻版的错误做了改正。

最重要的是，"丙子本"对于日本早先几乎所有版本和写本中有关中国唐代的人名、地名和职官名等方面存在的问题和错误，都结合中国有关典籍的记载做了考证和改正［见顾承甫《〈入唐求法巡礼行记〉在中国的最早刊本》，载《中日文化与交流》（三），中国展望出版社一九八七年］。

但顾承甫尚不知这个本子的校订者为谁（顾推测校订者为前清遗老遁迹佛门者），据盐入良道先生的《入唐求法巡礼行记》（二）（平凡社一九八五年版，东洋文库四四二）得知，这个"丙子本"的校订者便是中国著名学者罗振玉（盐入良道先生是从原日本大谷大学教授春日礼智博士处借得此本子的）。中日两国学者长期以来一直没有注意到这位与日本有密切关系的中国学者在这个领域的贡献，这倒也可以看作近现代中日文化交流的一个小插曲。

公元一九三七年夏，由镇江居士尹石公选印，根据"东本"影印，行款与"东本"相同。该本由海上佛教净业社发行（仅收第一卷），书名题签者袁希濂。中国学者还对《入唐记》进行了介绍和研究，一九四四年，梁容若先生曾撰文介绍圆仁及《入唐记》，到二十世纪七十年代以后，周一良、吴枫等人又对圆仁及《入唐记》做了介绍。①

一九八六年，上海古籍出版社出版了由顾承甫、何泉达点校的《入唐求法巡礼行记》，书前还有点校者所撰长篇序言。该书以日本《东洋文库》大正十五年的"东本"影印本作底本，参校《大日本佛教全书》本及中国"丙子本"，还参考了小野胜年博士的整理研究成果。②一九九二年石家庄花山文艺出版社出版了由白化文、李鼎霞、许德楠校注，周一良审阅的《入唐求法巡礼行记校注》，二〇〇七年，又出版了修订版。二〇一九年收入中华书局"中外交通史籍丛刊"中出版。该书以小野胜年的本子为底本，可以说充分汇集了小野的研究成果，主事者白化文曾指出该书的特点：主要就是根据小野胜年的注本翻译、简化整理而成的中国校注本。实际上是把小野本进行简化和中国化的工作。其补充工作，特别注意补上小野本中因有译文而省略去的有关语言部分的材料，大致都是中古汉语的材料。这个本子是目前国内最好的校注本。

在日本，自明治年间《入唐记》重新发现后，便得到学者们的重视，冈田正之博士（公元一八六四—一九二七年）从大正二年开始便从事此项研究，他的《关于慈觉大师的入唐行记》（载《东洋学报》第十一、十二、十四卷各期）可视作这个领域的开山之作。此后，堀一郎博士又将其译成日本文并做了简要注解（已收入《国译一切经·史传部》）。

由足立喜六原注、盐入良道补注的两卷本《入唐记》亦由平凡社分别冠以《东洋文库》一五七、四四二序号行世，特别是其中的后者，盐入良道得以利用了罗振玉先生手写校订的中国"丙子本"。一九六三—一九六九年，铃木学术财团研究部出版了小野胜年博士的四卷本《入唐求法巡礼行记研究》，对原文加以注释、日译，并附有长篇研究文章和《入唐新求圣教目录》，这是迄今为止研究圆仁及其行记最为完善的本子，其底本亦是"东寺观智院本"。

在二十世纪六十年代，为纪念圆仁示寂一千年，福井康顺还主编了《慈觉大师研究》一书，收入研究论文四十五篇。

在欧美，圆仁行记的介绍始于二十世纪五十年代，一九五五年，美国学者赖肖尔（Edwin O. Reischauer）首次将《入唐记》译成英文，书名是《圆仁日记》（Ennin's Diary），赖肖尔同时还出版了《圆仁——唐代中国之旅》（Ennin's Travels in T'ang China）的研究性著述，向西方读者介绍圆仁及其行记。[3]实际上赖肖尔的研究始于二十世纪三十年代，他的博士论文便是圆仁研究。此后，《行记》的法文译本、德文译本也先后问世。

曾被赖肖尔称作"古代东方三大游记"之一的《入唐记》，有着它特殊的宗教价值和学术地位。圆仁那种不畏艰难险阻、排除种种困难，一心寻求佛法，使佛法弘传祖国的精神，鼓舞了他的后继者。他的巡礼五台山，成为后世日本僧侣到中国来求法取经的真实写照。

《入唐记》是研究中日佛教关系的珍贵史料，也是叙述当时唐代佛教和社会状况的重要史料。中、日两国研究中日关系史和文化交流史者无不将其视为珍本。如日本学者木宫泰彦所著的《日中文化交流史》便多得益于圆仁的《入唐记》。对于中国佛教史的研究，《入唐记》的史料价值便更加可贵。

首先，圆仁身逢"会昌法难"，保留了"会昌法难"全部过程的个人体验，弥补了中国正史及其他资料记载的不足，著名学者汤用彤先生在他的《隋唐佛教史稿》

中论及"会昌法难"时，主要便是依据圆仁的记载。

其次，圆仁在中国求法巡礼九年，足迹所至，记下了他的所见所闻，为我们研究九世纪中国的佛教及宗教生活留下了一份珍贵的记录。中国著名学者陈垣先生在研究摩尼教在中国流传和法国学者谢和耐（Jacques Gernet）先生在研究中国公元五至十世纪寺院经济时，也极为重视圆仁的日记。

而圆仁对中国各地寺院的状况、法会、道场的记载，对当时名僧大德及信众的记述，更为后世学者们留下了种种值得追踪寻探的信息。而圆仁求法所留下的目录，也为我们弥补因"会昌法难"而造成的中国佛教文化的破残，提供了一个复原的侧影。

此外，《入唐记》也是研究古代汉语，特别是晚唐五代时期汉语的不可多得的重要语料。已有学者从汉语词汇史的角度对其进行研究，填补了这一学术空白。见董志翘《〈入唐求法巡礼行记〉词汇研究》（北京，中国社会科学出版社，2000年版）。

以下再述本书精选的标准。《入唐记》四卷的概要如下：卷一，讲从日本出发渡海入唐途中的情况，以及初到唐境，滞留扬州期间在开元寺受学，此后又北上山东，并下定决心留在中国继续求法；卷二，记由山东经河北抵山西五台山，巡礼拜谒天台宗圣地的经历见闻；

卷三，记巡礼中台、西台、北台等处，历游圣迹，参谒名僧，抄录经卷，西诣长安的见闻和经历，记述了会昌年间对僧尼淘汰的开端；卷四，记遭遇"会昌法难"及离开长安，携带经卷佛画及法器归国的情况。日记在圆仁等回国后有一位叫南忠的阇梨到访的记述中结束。

本书的节选，用的是台北影印的《大日本佛教全书》本，并参照了小野胜年的四卷本，和顾承甫等的点校本，个别地方还参照了足立喜六原注、盐入良道补注的《东洋文库》四四二册（即卷三和卷四的那一本）。二〇一六年修订时，还参考了白化文等的译本。选录的标准是凡与佛教有关的见闻都尽量采入，无关部分则或不采，或用省略号略去。

本书的视角不是圆仁眼中的中国，而是圆仁眼中（或曰笔下）的中国佛教和排佛运动，这样的选择本身有一个很大的缺憾，即将圆仁入唐后对所受到官方庇护方面的情况给忽略了（这个缺憾将在《源流》部分的叙述中加以弥补）。

最后介绍《入唐记》的作者圆仁和在这个领域做出贡献的小野胜年、赖肖尔。

圆仁，公元七九三年生于日本下野国（今枥木县）都贺郡，俗姓壬生。传说他出生那一天，紫云生于屋顶，一过路托钵僧广智见后寻到其宅，恳请其父母，要

题解　011

求他们等小孩长大后托付给他（广智）。圆仁幼年即丧父，九岁时被送到广智身边，在那儿，他成了一个虔诚笃学的佛教徒。

十五岁那年，圆仁到比睿山延历寺，成为僧人最澄的忠实弟子。最澄圆寂后，圆仁成为最澄的继承人，他留在比睿山一边讲说佛法，一边主持各种宗教仪式。

在四十岁那年，圆仁身体极衰，视力也减弱了，他自知不久人世，便在比睿山北侧一个幽静之处搭了一个小草庵，静静地等待最后时刻的到来。一天晚上，他做了一个梦，梦到由天上得到药物，其形似瓜，吃了半片，味甘如蜜，边上有人告诉他，这是三十三天不死妙药。自此以后，他立刻精神振奋，沉疴顿失。

公元八三四年，中止已久的遣唐使又开始派遣任命，圆仁得到消息后不久的一个夜晚，梦见师父来到跟前对他说："圆仁，我希望你能入唐求法，虽然有千难万险也在所不辞。"不久，圆仁便以学问僧的资格加入了遣唐使的队伍。经过多次准备，圆仁终于乘上大使藤原常嗣所乘的第一船，于公元八三八年六月十三日（按：本书的月、日均是中国农历）出发，圆仁的日记也从这一日开始。

六月二十二日，船队到了日本有救岛（今宇久岛），次日，送行的人们便下船登岸，船队扬帆西去，隐没在茫茫的大海之中。经过五天的颠簸，圆仁等终于到达中国，不久他们到了鉴真和尚的故乡扬州。

十月上旬，遣唐使一行由扬州出发去长安，圆仁等仍留在扬州，等待朝廷准许他们去天台山朝圣（四十年前最澄曾在此求学）。此间，圆仁住进扬州开元寺，他在那里开始研究那些从前不曾知晓的佛教经典，同时，与扬州节度使李德裕有密切的交往。但终未获准去天台山，而必须按原计划同遣唐使团一道归国。这使圆仁大失所望。

公元八三九年二月，圆仁由扬州出发，沿大运河北上前往楚州（今江苏淮安），与访问长安的遣唐使会合，三月，他们由楚州出发开始归国的航程。在归途中，圆仁听从担任翻译的新罗人金正南的劝告，坚定了留在中国的决心，在船驶到山东半岛南端的密州大珠山时舍船登岸。但船队的航线发生了意外变化，在征得大使同意后，圆仁同惟正、惟晓两名弟子和中国随从丁雄满等，告别了遣唐使一行，就在淮河入海口以北的一个荒凉的海滩上登岸了。他们便向有人烟处行去，因冒充新罗人被识破，为中国官府捉拿。恰好遣唐使船队有一船因遇暴风雨漂流到此，圆仁等又只得垂头丧气地上船。

不久，这艘船又遇暴风漂到山东北部的海岸。圆仁及弟子们登岸发觉附近有一个朝鲜人的寺院，名赤山法华院，当圆仁正在院中参访时，日本的船只解缆走了——遣唐使们知晓圆仁的心思，乃采取此一行动以成全他的求法愿望。

圆仁等在赤山度过了秋冬两季，在朝鲜人那儿，他们得悉在山西省东北有五台山，比起南方遥远的天台山，这地方很容易去，而且也是佛教中心，并不比天台山逊色。朝鲜僧人劝圆仁去五台山。于是，圆仁决定去五台山朝圣。

公元八四〇年春，圆仁一行四人由赤山法华院出发，在取得了旅行证明书后，便直奔五台山。经两个多月的长途跋涉，终于到达了供养文殊菩萨的圣地五台山。

圆仁在那儿住了两个多月，他如饥似渴地学习着。他的两个弟子也受戒成为正式僧人。他们还周游朝拜了各个寺院，巡礼了五座台顶。在离开五台山后，圆仁等便前往长安。八月下旬，他们获准住到长安的一个寺院中，并得到长安颇有势力的宦官、大将军仇士良的庇护。

此后，圆仁在长安生活了五年，他曾先后拜四位中国僧人为师，向他们学习梵语、佛教哲学、密教的行相（理论）和事相（行法）。圆仁到长安时，已是武宗朝了，敌视佛教的武宗开始了淘汰佛教僧尼的工作。

公元八四三年六月，庇护圆仁的仇士良（亦是佛教的保护者）去世后，武宗的排佛运动日甚一日，圆仁求去不得，只得提心吊胆地苦苦等待。公元八四五年五月，朝廷终于敕令所有外国僧人还俗，将其驱逐出国。圆仁在长安结交的朋友们悄悄地为他举行了欢送会，并设法为其旅途提供方便。

公元八四六年五月，正在山东的圆仁听到新登基的皇帝对佛教采取了新的宽容态度。公元八四七年九月，圆仁搭乘朝鲜人的船只渡海回国。公元八四八年三月，圆仁在性海与惟正陪伴下回到日本，延历寺的同僚们举行了隆重的欢迎仪式，朝廷也派出敕使，致赠礼物，为他以表宣慰。

回国的当年，圆仁便复制了从中国带回的大曼荼罗法坛，并将它设立起来。公元八五四年，天皇敕封圆仁为延历寺座主（这是日本有"座主"公称的开端）。两年后，圆仁为天皇及其近侍举行灌顶，并奏请仿照唐朝按新密法设立皇帝的本命道场。圆仁还向众多的弟子们传授从中国带回的新的佛教仪式、修行方法和教义，写出了大量注释经典和仪式的著作。

公元八六四年，圆仁圆寂。两年后，日本朝廷有史以来首次向僧人授予"大师"的名号，追赠圆仁为慈觉大师，同时，对圆仁的师父最澄也追赠了传教大师的名号。

圆仁一生著述宏富，除《入唐求法巡礼行记》《入唐新求圣教目录》外，尚有《金刚顶经疏》《苏悉地经略疏》《显扬大戒论》《在唐送进录》《入唐求法目录》等。他通常被视为日本天台宗的第三代始祖。

迄今为止最为人推崇的《入唐求法巡礼行记》的研究者是日本的小野胜年博士。小野胜年（公元一九〇五——一九八八），一九三三年毕业于京都帝国大学东洋史学科，一九三七——一九四二年以外务省海外留学生的身份赴中国，进行民俗古迹的考察。历任华北综合调查研究所研究员、奈良国立博物馆学艺课长、龙谷大学文学部教授。一九六四年参加慈觉大师研究会（天台学会），一九六四——一九六九年出版《入唐求法巡礼行记研究》四卷本。小野博士参阅了上千种日、中、印度文献资料，细致入微地考察了圆仁的行记，纠正了若干记载中的错、漏之处，突出了圆仁在中日文化交流史中的地位。

小野博士的著作还有《居庸关》《入唐求法行历之研究·圆珍篇》《中国隋唐长安寺院史料集成》《五台山》《金城堡——山西临汾金城堡史前遗址》《蒙疆考古记》等。

首先向西方读者介绍圆仁及其日记的是美国学者赖

肖尔。赖肖尔（公元一九一〇——一九九〇年），汉名赖绍华、赖世和。生于日本东京，其父是美国在日本的传教士，曾著有《日本佛教研究》和《往生要集之研究》。赖肖尔早年就学于哈佛大学，后曾任美国驻日本大使，晚年一直任哈佛大学教授，是美国最为著名的日本、东亚问题专家。一九三九年，他因对日本天台宗三祖圆仁法师所著佛教史传《入唐求法巡礼行记》的研究，取得哈佛大学哲学博士学位，其导师是叶理绥。一九七三年，他创办了哈佛大学日本研究所，一九八一年退休，一九八五年，该所更名为埃德温·赖肖尔日本研究所。赖肖尔的著作尚有《美国与日本》《日本人》《日本——过去与现在》，与费正清（John King Fairbank）合编有《东亚——传统与变革》等。

赖肖尔不仅将圆仁的日记全译成英文（依据的是"东本"），而且还对日记进行了深入研究，他的著作共分九章，现谨依田村完誓先生的日译本将章目列出：圆仁的日记、圆仁——巡礼与师父、遣唐使、圆仁和中国官吏、在唐国的生活、大众的佛教、排斥佛教、在中国的朝鲜人、归国等，由此可见，赖肖尔的研究是全面的、细致的。

阿南史代（日本前驻华大使阿南惟茂的妻子，美籍）费时二十余年，研究圆仁日记，重走圆仁之路，并写出了图文并茂的《追寻圆仁的足迹：在当代中国重走日本高僧入唐求法之路》（二〇〇七年，北京，五洲传播出版社），是介绍圆仁及其入唐求法活动的通俗读物。

注释：

①梁容若先生的文章写于公元一九四四年，我看到的是收入梁先生的文集《中日文化交流史论》（北京商务印书馆一九八五年版）的第一五〇——七二页的改定本《圆仁与其入唐求法巡礼行记》及收入另一个文集《从徐福到黄遵宪》（北京时事出版社一九八六年版）的同名文章。

②这个点校本尚有可以商榷之处，比如，它将卷四银五股拔折罗一，点断为银五股、拔折罗一……（见该书一八六页）类似的情况还有几处。有论者指出这个译本并没能充分吸取小野胜年先生工作的成果。

③日文译本出版于公元一九六三年，书名为《世界史上的圆仁——唐代中国之旅》，译者是田村完誓，东京日本实业社出版，一九八四年东京原书房重印此书时，改书名为《圆仁——唐代中国之旅》。一九九九年又由讲谈社出版，书名《圆仁：唐代中国之旅——入唐求法巡礼行记之研究》。

经典

1　扬州见闻

原典

（唐开成三年）八月一日早朝，大使到州衙见扬府都督李相公，事毕归来。斋后，请益、留学两僧①出牒于使衙，请向台州国清寺②，兼请被给水手丁胜小麻吕，仕宛（充）求法驰仕。暮际，依大使宣，为果海中誓愿事，向开元寺看定闲院。三纲③老僧卅有余共来慰问。巡礼毕，归店馆。

三日，请令请益僧等向台州之状，使牒达扬府了。为画造妙见菩萨④、四王像⑤，令画师向寺里。而有所由制不许外国人滥入寺家，三纲等不令画造件（佛）像，仍使牒达相公，未有报牒。

四日，早朝，有报牒。大使赠土物于李相公，彼相公不受，还却之。又始今日充生料，每物不备。斋后，从扬府将复问书来。彼状称：还学僧圆仁、沙弥惟正、惟晓，水手丁雄万（满），右请往台州国清寺寻师，便住台州。为复从台州却来，赴上都去；留学僧圆载、沙弥仁好、伴始满，右请往台州国清寺寻师。便住台州，为复从台州却来，赴上都去者。即答书云：

还学僧圆仁：

右请往台州国清寺寻师决疑，若彼州无师，更赴上都，兼经过诸州。

留学僧圆载：

右请往台州国清寺随师学问，若彼州全无人法[6]，或上都觅法，经过诸州访觅者。

又得使宣称：画像之事，为卜筮有忌，停止，即了。须明年将发归时，奉画供养者。仍以戌时到开元寺大门，誓祷其由。

九日，巳时，节度使李相公牒于开元寺，许令画造佛像。未时，勾当日本国使王友真来官店慰问僧等，兼早令向台州之状，相谈归却。请益法师便赠土物于使。登时，商人王客来，笔书问国清寺消息，颇开郁抱。亦与刀子等。

注释

①**请益、留学两僧**：即请益僧和留学僧。在这里，前者指圆仁，后者指圆载。请益僧又作请益生、还学僧，指短期入唐的研究人员（僧侣）。留学僧是较长时间在唐朝学习的僧人。

②**台州国清寺**：浙江省天台县北十华里天台山佛陇峰南麓的佛教寺院。隋朝开皇十八年（公元五九八年），晋王杨广遵照智𫖮的遗愿在天台山创建佛刹，名天台寺。大业元年（公元六〇五年）改名国清寺。智𫖮生前曾在天台山住了十年，创立伽蓝，行头陀行，昼夜禅观。由于智𫖮被后世尊为天台宗的开宗祖师，所以天台山国清寺亦被视为天台宗的圣地。

③**三纲**：掌管寺院各种事务的三名事务执事，中国佛教称之为：上座、寺主、维那，或上座、维那、典座。

④**妙见菩萨**：又称妙见大士。北斗七星名。密教之法，以此为尊星王。其形为童子，身穿金甲，右手伸臂握神剑，左手屈肘着于腰，足蹈龟蛇。

⑤**四王像**：即四天王像。四天王为东方持国（Dhṛtarāṣṭra）、南方增长（Virūḍhaka）、西方广目（Virūpâkṣa）、北方多闻（Vaiśravaṇa）。通常将它们视作佛法的守护神，乃禳灾厄请招福德之修法。

⑥ **人法**：这里是人（Pudgala）、法（Dharma）合称。人为受教之众生，法为佛之教法，相当于三宝中的僧宝、法宝。

译文

唐文宗开成三年（公元八三八年）八月一日早晨，藤原大使赴扬州节度使衙门拜见都督李相公，事毕回来。午斋后，请益、留学两僧向大使处递呈申请，要求去台州国清寺，并请求批准水手丁胜小麻吕充当求法巡礼的随从。黄昏时分，遵大使之命，为实现海中所发誓愿，到开元寺看定闲院还愿。有三纲老僧三十多人同来看望。在诸寺巡礼后，回到馆舍。

三日，请求大使将请益僧等去台州的申请书送抵扬州府。为了画出妙见菩萨、四天王像，让画师到寺里去巡看。因为唐国有规定不让外国人随便进出寺院，寺中的三纲等不允许画师摹画佛像，只得再向李相公呈递申请书，但没有回音。

四日晨，有公文到。藤原大使赠予李相公日本土产礼品，相公没有接受，原封退还。从今天开始炊饮诸物短缺。午斋后，由扬州府带来复书。该公文说：还学僧圆仁，沙弥惟正、惟晓，随从丁雄满，所请前往台州国清寺寻师学法，可去台州居住，由台州回来可径赴上都西安；留学僧圆载、沙弥仁好、陪读始满，所请去台州国清寺寻师学法，可去台州居住，由台州回来后可径赴上都西安。复书如下：

还学僧圆仁：

所请前往台州国清寺寻师解决疑难问题，如果该州无师可寻，便可再去上都西安续学，并可在所经历各州求法。

留学僧圆载：

所请前往台州国清寺拜师学习，如该处无师可拜，可去上都西安求师，并可在所经各州拜师求法。

还得到藤原大使的指示说：画佛像之事，因为占卜筮卦不吉利，只好暂时作罢。等明年将回国时再请画供养。晚八时按时到开元寺大门，发愿祈祷。

九日，上午十时左右，节度使李相公的文书到开元寺，允许画造佛像。下午二时左右，相公麾下专理日本事务的官员王友真来官店看望僧人们，并交出早去台州的催促文书，聊了一阵才走。请益法师以日本土产礼物赠王友真。此时，有商人王客来访，笔书询问国清寺的情况，稍消疑虑。亦赠予刀子等礼品。

原典

（十月）九日，始令作惟皎（晓）等三衣①。五条：绢二丈八尺五寸；七条：绢四丈七尺五寸；大衣：绢四丈廿五条，总（惣）计十一丈六尺。缝手功：作大衣廿五条，用一贯钱；作七条，四百文；作五条，三百文，总（惣）计一贯七百文。令开元寺僧贞顺勾当此事。

十三日，午时，请益僱从惟晓、留学僱从仁好同时剃发。……

十九日，为令惟正、惟晓受戒②，牒报判官、录事。大唐太和二年以来，为诸州多有密与受戒，下符诸州，不许百姓剃发为僧，唯有五台山戒坛一处③、洛阳终山琉璃坛④一处，自此二外，皆悉禁断。因兹，请报所由，取处分也。

廿二日，早朝，见彗星，长一寻许，在东南隅，云蔽不多见。寺主僧令征谈云："此星是剑光也。先日、昨日、今夜三个夜现矣。比日有相公怪，每日令七个僧七日之（间）转念《涅槃》⑤《般若》⑥。诸寺亦然。又去年三月，亦有此星，极明长大。天子惊怪，不居殿上，别在卑座，衣着细布，长斋放赦。计今年合然。"乍闻忖之，在本国之日所见，与寺主语符合矣。……

廿四日，雇人令作惟正等坐具⑦两个，当寺僧贞顺亦勾当此事。坐具一条料绝二丈一尺，表八尺四寸，里八尺四寸，缘料四尺二寸。两个坐具之料都计四丈二尺。作手功，作一个用二百五十文，总计五百文。……

十一月二日，买《维摩关中疏》四卷⑧，价四百五十文。有敕断铜，不许天下卖买。说六年一度，例而有之，恐天下百姓一向作铜器，无铜铸钱，所以禁断矣。

十一月七日，开元寺僧贞顺私以破釜卖与商人，现有十斤，其商人得铁出去，于寺门里逢巡检人，被勘捉归来。巡检五人来云："近者相公断铁，不令卖买，何辄卖与？"

贞顺答云："未知有断，卖与。"即勾当并贞顺具状，请处分，官中免却。自知扬州管内不许卖买铁矣。

斋后，相公衙前之虞候三人特来相见，笔言通情。相公始自月三日，于当寺瑞像阁上，刻造三尺白檀释迦佛像。其瑞像飞阁者，于隋炀帝代，栴檀释迦像四躯，从西天飞来阁上，仍炀帝自书"瑞像飞阁"四字，以悬楼前。……

注释

①三衣：即三法衣，僧伽梨（Sanghāti）即大衣；郁多罗僧（Uttarâsangha）即七条衣；安陀会（Antarvāsa）

即五条衣。其中大衣为大众集会为授戒说戒等严议场合着之；七条衣在安陀会上着之；五条衣为贴体衣。三衣都是方形，因缝缀数多之小片，所以视其条数而分三衣。是僧侣穿着的三种袈裟。

②**受戒**：又称纳戒，即在家或出家人从师或依自誓而纳受戒法。出家的仪式，佛教大小乘略有差别。在唐代，沙弥受十戒，比丘、比丘尼受具足戒。

③**五台山戒坛一处**：指五台山竹林寺的万圣戒坛。五台山，中国佛教名山之一。

④**洛阳终山琉璃坛**：指河南登封市嵩山会善寺的琉璃坛。这里的终山为嵩山之误。

⑤**《涅槃》**：即《大般涅槃经》(*Mahā-parinirvāṇā-sūtra*)，或称《大本涅槃经》《大涅槃经》。是宣说如来常住、涅槃常乐我净、众生悉有佛性及至阐提成佛等义的经典。东晋法显于摩竭提国携回梵本与梵僧佛驮跋陀罗译出，为六卷。北凉时天竺三藏昙无谶始译成四十卷。此本传至江南后，由慧观、慧严、谢灵运等依法显译本相校修治，成三十六卷本，世称"南本涅槃经"，与昙译"北本涅槃经"并称。

⑥**《般若》**：即《般若波罗蜜多心经》，简称《心经》，唐玄奘译。般若即智慧之义。

⑦**坐具**：又称尼师檀、尼师但那（Niṣidana），译

为随坐衣、坐卧具。为三缘制之：或护身、或护衣、或护众人床席卧具。

⑧《维摩关中疏》四卷：即《净名经集解关中疏》。此疏是鸠摩罗什译《维摩经》(《净名经》)时，其门下的所谓"关中四杰"——道融、僧叡、僧肇、道生对该经的释义的编纂。

译文

（十月）九日，开始为惟晓等做三衣。五条，需用绢二丈八尺五寸；七条，需用绢四丈七尺五寸；大衣，需用绢四丈，共计十一丈六尺。缝制手工费用：做大衣（二十五条），用一贯钱；做七条，用四百文；做五条，用三百文，共计一贯七百文。请开元寺的僧人贞顺和尚代为料理此事。

十三日，午时，请益僧的随从惟晓、留学僧的随从仁好同时剃发受戒。……

十九日，因惟正、惟晓受戒的事，向使团判官、录事通报。大唐太和二年（公元八二八年）以来，因各州都有私自剃度受戒之事，特向全国各州下令，不准百姓私自剃发为僧，只准五台山戒坛一处、洛阳嵩山琉璃坛一处可以剃度，除此以外，一律不允。因此，报告使团请求有关方面予以处理。

二十二日，早晨，见东南方出现彗星，长八尺多，为云遮蔽而所见不多。寺主僧令征说："这星是剑光之兆。前天、昨天、今天夜里连续三夜都出现了。连日来已有相公感到惊怪，每天请七位僧人做七日转念《涅槃经》《般若经》。各寺也是如此。去年三月也出现这样的彗星，非常明亮而且长大。天子惊怪，不坐正殿，而处卑座，穿着细布衣裳，举行长斋并大赦天下。看来今年也会这样做。"忽然听到此事，回想一下，在日本时所见，与寺主所说亦完全相符。……

二十四日，雇人为惟正等做坐具两个，也请本寺僧贞顺（一作顺贞）和尚代为料理此事。坐具一条需用粗绸料二丈一尺，其中面料八尺四寸，衬料八尺四寸，边料四尺二寸。两个坐具所用料总计四丈二尺。手工钱每个坐具二百五十文，共计五百文。……

十一月二日，购《维摩关中疏》四卷，价值四百五十文。有敕令禁铜，不让天下人买卖。据说是六年一次的通例，朝廷怕天下百姓任意制作铜器，使国家无铜铸钱，所以有此禁铜令。

十一月七日，开元寺僧贞顺擅自将破锅卖给货郎，共有十斤，那货郎收了铁锅刚出寺门便遇上巡检人，被当场查获。巡检五人进寺道："最近李相公有禁铁令，不让私自买卖，谁个如此胆大，将铁卖与货郎？"

贞顺慌忙答道:"贫僧不知有朝廷禁令,所以卖了。"巡检便要贞顺呈供状请求处分,官役免予处理贞顺。从此才知道扬州管内有不许买卖铁的禁令。

斋后,李相公衙前的虞候三人特来拜会,书面通报情况。相公从本月三日开始在该寺瑞像阁上,刻作三尺长的白檀释迦佛像。瑞像飞阁之名得于隋炀帝时,有旃檀制的释迦佛像四尊从西天飞到阁上,因此得名,炀帝手书的"瑞像飞阁"四字匾仍悬挂在楼前。……

原典

（十一月）十九日,为充廿四日天台大师①忌日设斋,以绢四匹、绫三匹送于寺家。留学僧绢二匹,请益僧绫三匹,具状送寺家毕,其（状）在别纸。卖买得六贯余钱。

廿四日,堂头设斋,众僧六十有余,幻群法师作斋叹文,食仪式也。众僧共入堂里,次第列坐,有人行水②,施主僧等于堂前立,众僧之中有一僧打槌,更有一僧作梵,梵颂（呗）③云:"云何于此经,究竟到彼岸?愿佛开微密,广为众生说。"音韵绝妙。作梵之间,有人分经。梵音之后,众共念经,各二枚许,即打槌。

转经毕,次有一僧,唱:"敬礼常住三宝④。"众僧皆下床而立。即先梵音师作梵:"如来色无尽"等一行文也。作梵之间，纲维令请益僧等入里行香⑤，尽众僧数矣。行香仪式，与本国一般。其作斋晋人之法师矣⑥众起立，到佛左边，向南而立。行香毕，先叹佛，与本国咒愿初叹佛之文不殊矣。叹佛之后，即披檀越⑦先请设斋状，次读斋叹之文。读斋文了，唱念释迦牟尼佛。大众同音称佛名毕，次即唱礼，与本国道为天龙八部⑧、诸善神王等颂一般。乍立唱礼，俱登床坐也。读斋文僧并监寺、纲维及施主僧等十余人，出食堂至库头斋。自外僧、沙弥咸食堂斋。亦于库头别为南岳⑨、天台等和尚备储供养⑩。众僧斋时，有库司僧二人弁（办）备诸事。唐国之风，每设斋时，饭食之外，别留料钱。当斋将竟，随钱多少，僧⑪众僧数，等分与僧。但赠作斋文人别增钱数。若于众僧各与卅文，作斋文者与四百文，并呼道"傔钱"⑫，计与本国道"布施"一般。斋后，同于一处嗽口⑬，归房。

凡寺恒例，若有施主拟明朝煮粥供僧时节，即暮时交人巡报"明朝有粥"；若有人设斋时，晚际不告，但当日早朝交人巡告"堂头有饭"；若有人到寺请转经⑭时，亦令人道"上堂念经"。

其扬府中有卅余寺。若此寺设斋时，屈彼寺僧次来，令得斋傔。如斯轮转，随有斋事，编录寺名次第，屈余寺僧次。是乃定寺次第，取其僧次。一寺既尔，余寺亦然。互取寺次，互取僧次。随斋饶乏，屈僧不定。一寺一日设斋，计合有当（堂）寺僧次，比寺僧次。

又有化俗法师，与本国道"飞教化师"同也。说世间无常、苦、空之理，化导男弟子、女弟子，呼道化俗法师也。讲经[15]、论[16]、律[17]、记[18]、疏[19]等，名为座主、和尚、大德[20]。若衲衣收心，呼为禅师[21]，亦为道者。持律偏多，名律大德，讲为律座主，余亦准尔也。

自去十月来，霖雨数度，相公帖七个寺，各令七僧念经乞晴，七日为期。及竟，天晴。唐国之风，乞晴即闭路北头，乞雨即闭路南头。相传云："乞晴闭北头者，闭阴即阳通，宜天晴也；乞雨闭南头者，闭阳则阴通，宜零雨也。"……

注释

①**天台大师**：即智𫖮（公元五三八—五九七年），又称智者大师，是中国天台宗的开宗祖师。俗姓陈，荆州华容（今湖南华容）人，父亲是梁朝官吏。十七岁那年值梁末兵乱，家庭分散，流离颠沛，遂在荆州长沙寺佛像前发愿为僧。次年依湘州（今湖南长沙）果愿寺法绪出家，二十岁受具足戒。陈文帝天嘉元年（公元五六〇年）往慧思禅师处请益。陈光大元年（公元五六七年）往金陵传弘禅法。两年后受请往瓦官寺开

讲《法华经》题，树立新的宗义，判释经教，奠定了一宗教观的基础。太建七年（公元五七五年），离开金陵初入天台山，在北面山峰创立伽蓝，栽植松栗，引入流泉。又往寺北的华顶峰，行头陀行，昼夜禅观。至德三年（公元五八五年）三月，智𫖮再往金陵，住灵曜寺。应陈少主之请在太极殿讲《大智度论》题、《仁王般若经》题。后移居光宅寺讲《法华经》题。陈亡，智𫖮上庐山留居。隋开皇十一年（公元五九一年），晋王杨广为扬州总管，遣使到庐山坚请智𫖮往扬州传戒，即往为杨广授菩萨戒，受到"智者"的称号。次年回故乡荆州，在当阳县玉泉山创玉泉寺，在那儿讲《法华经玄义》和《摩诃止观》。开皇十五年春又应杨广之请到扬州撰《净名经疏》，九月辞归天台，重整山寺，习静林泉。两年后入寂。智𫖮生平造寺三十六所，入灭后，晋王依照他的遗愿在天台山别行创建佛刹，后于大业元年（公元六〇五年）题名为国清寺。智𫖮弘法三十余年，其著作小部分是自撰，大都由弟子灌顶随听随录整理成书。智𫖮的著述，建立了天台一宗的解行规范，其中《法华玄义》《法华文句》《摩诃止观》世称"天台三大部"；《观音玄义》《观音义疏》《金光明经玄义》《金光明经文句》《观无量寿佛经疏》称"天台五小部"。他的特点在于教观双运、解行并重。

②**行水**：分水。本段后有"漱口"亦是此意。据后汉安世高译"大比丘三千威仪"有洗漱的律典，据此，斋食前后洗手漱口是僧侣生活的规则。

③**梵颂（呗）**：又称梵音、婆颂、婆师赞呗、经呗等。是用以歌咏经典中赞叹三宝的声调。呗是梵语译音。印度原来统称歌咏十二部经，不问长行、偈颂都称呗。传入中国后，将歌咏长行别开为转读，呗便专指咏赞偈，因其取法古印度的歌赞而有所变通，故称梵呗。中国梵呗相传起源于曹魏时代。梵呗主要用于讲经仪式、六时行道（后世朝暮课诵、道场忏法）。在佛教的宗教仪式中举唱梵呗具有止息喧乱、便利法事进行的作用，故又意译为止断、止息。

④**三宝**：指佛宝、法宝、僧宝。佛宝指佛陀，法宝指佛陀所说之教法，僧宝就是随此教法而出家的修业者。

⑤**行香**：佛教法会仪式。在佛事斋会中，由法师和主斋者持香炉绕行坛场中，或引导仪仗巡行街市。朝廷举办行香法会，多用于国忌日。这里的"香"是梵语健达（Gandha）之译。古印度传说有香神乾闼婆，佛经引为护法的"八部众"之一。《贤愚经》卷六载佛陀住在祇园时，有长者子富那奇建造了一座旃檀堂，准备礼请佛陀。他手持香炉登上高楼，遥望祇园，焚香礼敬。香烟袅袅，飘往祇园，落在佛陀头顶，形成一顶"香云

盖"，佛陀知悉即赴旃檀堂。据此，"香"是弟子把信心传达于佛的媒介，故经上称"香为佛使"。这便是以香敬佛的缘起。

⑥"矣"，疑为"先"字。

⑦**檀越**：又称檀那、檀家、檀徒，梵语 Dantaloka，指施主。檀为转音，越是指所施的功德已超越贫穷海的意思。

⑧**天龙八部**：指守护佛法的八部众：天、龙、夜叉、乾闼婆、阿修罗、迦楼罗、紧那罗、摩睺罗伽。因天、龙名列首位，故得是称。又叫八部龙神。据说，释迦佛成道前，天魔遣魔女、魔军来扰；佛以慈心三昧降伏恶龙；夜叉原是暴恶食人的鬼类；阿修罗好斗、贪淫；紧那罗曾惑乱比丘、仙人，经由佛陀的教化，它们都成为守护神。

⑨**南岳**：即慧思（公元五一五—五七七年），为中国天台宗第二代祖师（一说三祖）。俗姓李，后魏南豫州汝阳郡武津县（今河南上蔡）人。十五岁出家，二十岁受具足戒后严守戒律，平时不常和人来往，每天诵读《法华》等经，数年之间便满千遍。梁承圣三年（公元五五四年）入住光州大苏山，在开岳寺、观邑寺讲《大品般若经》，信众日增，因此发愿写造金字《般若经》；几年后此愿遂，声名益振。慧思在光州凡十四年，此后

又入住南岳，在那里继续提倡修禅。陈主迎往建业住栖玄寺，讲《大品般若经》。慧思年轻出家即特别注意修持。他的禅学思想重视《般若》，他的禅法尽力于引发智慧、穷究实相。由于他长期持诵《法华》，对之有深刻的信仰，故其中心思想虽属于《般若》，但更推崇《法华》，称《法华》为大乘顿觉疾成佛道的法门。好像莲花一样，一花而具众果，利根菩萨一心一学，一时具足，非次第入。对于智𫖮后来创立以《法华》为中心的天台宗学说，起了决定性的作用。慧思对所习诸经论每有独悟之处，并结合实践加以申说。其著作大多出于口授的记录。有《诸法无诤三昧法门》《立誓愿文》《随自意三昧》《法华安乐行义》《大乘止观法门》等。慧思门下颇多，最著者为智𫖮、玄光、大善。

⑩**供养**：资养三宝，奉香花、明灯、饮食、资财等物，称作供养。

⑪"僧"，疑应为"依"。

⑫**㐭钱**：梵语 Dakṣiṇā（达嚫）之 Ṣian 字，又作㐭资、㐭金、㐭钱，指向僧侣布施的金钱。

⑬**嗽口**：见前"行水"。

⑭**转经**：宗教仪式。一指诵经，一指与读经相对而言的转读之法，名为转读，只读每卷之初中后数行而转翻经卷。转经卷即转《大般若经》。

⑮ **经**：梵语修多罗 Sūtra 的译意，或曰契经、经本。是佛教三藏之一，相对律论而言，即佛说的教法。经有时还专指十二部经之一。

⑯ **论**：十二部经中的优婆提舍 Upadeśa，译作论。为佛自论议问答而辩议。佛弟子论佛语、议法相、与佛相应者亦称论。在三藏中称阿毗达摩藏 Abhidharma，其中有称优婆提舍者。

⑰ **律**：梵语优婆罗叉 Uparakṣa，律即是法，禁制之法。又有通禁制止之义。

⑱ **记**：经论的注释。

⑲ **疏**：疏通经论的文句而抉择义理。

⑳ **大德**：对有道行高僧的尊称。

㉑ **禅师**：修禅定之师。其称号有二：一指天子之褒赏（始于陈宣帝大建元年崇南岳慧思和尚为大禅师）；一为禅师称前人为禅师。师家众僧通用之。

译文

（十一月）十九日，为供二十四日天台大师忌日的斋会，将四匹绢、三匹绫送到寺院。其中留学僧出绢二匹，请益僧出绫三匹。详写清单送到寺家，清单在别纸上。这些物品得需钱六贯多。

二十四日，堂中设斋，有六十多位僧人参加，幻群法师作斋叹文和行食仪式。众僧一起入堂，依次列坐，有人开始行水，施主僧等站在堂前，众僧中有一僧打槌，另有一僧作梵呗，梵呗唱道："云何于此经，究竟到彼岸？愿佛开微密，广为众生说。"音韵绝妙。梵呗时，有人开始分发经文。梵呗之后，大家一起诵经，约两段后，便打槌。

转经完毕，接着有一僧诵唱："敬礼常住三宝。"众僧都下床站立。先前的梵音师作梵呗"如来色无尽"那一行文。唱梵呗时，纲维大人让请益僧等到里面行香，全体僧人已经都行完了。行香仪式，与日本没有什么不同。作斋文的法师等众僧起立，到佛像的左边，南向而立。行香完毕，先赞佛，和日本国咒愿初赞佛之文无异。赞佛后，由施主先读请设斋文，接着宣读斋叹文。读完斋文，再唱诵释迦牟尼佛。大家齐声颂佛名完毕，就唱礼，然后和日本国赞唱天龙八部、诸善神王等梵呗一样。开始唱礼是站着，一会便都坐到床上了。读斋文僧和监寺、纲维及施主僧等十多人离开食堂到库头进斋。其余诸僧、沙弥都在食堂用斋。库头也另为南岳、天台两位大师预设供养。众僧用斋时，有库司僧人两名操办准备各种事务。大唐的风俗，每当设斋时，除饭食外，另留料钱。每当斋事即将完毕时，根据缘钱的多寡，依僧众的人数平分给诸僧人。但作斋文的人须另添钱数。如果众僧各得三十文,那么作斋文僧则得四百文,这就叫作"儭钱",与日本国的"布施"相同。斋后,一起在一个地方漱口,然后各归寮房。

按各寺的通例,如有施主第二天煮粥供僧,就在前一天的晚间让人巡报"明早有粥";如遇有人设斋,前一夜不说,只在当日早晨让人巡告"堂头有饭";如有人到寺里来请转经,就让人宣布"上堂念经"。

扬州府城有四十余座寺。如果此寺设斋,便请彼寺僧来,让他们得到斋儭。如此轮流,遇有斋事,按寺名次序,请各寺的僧人。这就是确定寺的次第,取僧人的名序。一寺如此,其余都是一样。依次请寺,以序轮僧人。根据斋会的丰饶程度,以确定邀请僧人数量的多寡。一寺一天设斋,计有当寺的僧人序次、所请别寺次序及僧人的次序。

又化俗法师,与日本国所谓"飞教化师"相同。讲述世上无常、苦、空的道理,借此教化男弟子、女弟子,所以名为化俗法师。讲经、论、律、记、疏的,唤作座主、和尚、大德。如果穿着百衲衣专心静虑者,就叫禅师,也称道者。解律较多,名律大德,称律座主,其余照此类推。

从去年十月以来,多次下雨,相公发帖通知七座寺院,各派七位僧人念经祈晴,以七日为期。届时,果然天晴。大唐国的风俗，祈晴就封锁路的北端，求雨就封锁路的南端。相传："祈晴封北路，是因为闭阴则阳通，那么天气就容易晴；求雨就封南路，闭阳则阴通，天就容易下雨。"……

原典

（十一月）廿九日，天晴。扬州有四十余寺，就中过海来鉴真和尚①本住龙兴寺，影像现在；法进②僧都本住白塔（寺）。臣善者在此白塔寺撰《文选》矣；惠云③法师亦是白塔寺僧也。每州有开元寺，龙兴寺只是扬州龙兴寺耳。

申时，长安讲《百论》④和尚可思来相见。又第一舶判官藤原朝臣贞敏，从先卧病辛苦，殊发心拟画作妙见菩萨、四天王像，仍以此日，令大使傔人粟田家继到此寺，定画佛处。

卅日，早朝，于迦毗罗神⑤堂里，初画妙见菩萨、四天王像。……

（十二月）八日，国忌之日，从舍五十贯钱于此开元寺设斋，供五百僧。早朝，寺众僧集此当寺，列坐东北西厢里。

辰时，相公及将军入寺来，从大门，相公、将军双立，徐入来，步阵兵前后，左右咸卫，州府诸司皆随其后。至讲堂前砖砌下，相公、将军东西别去。相公行入东幕；将军西行，入西幕下。俄顷，改鞋澡手出来。殿前有二砌桥，相公就东桥登，将军就西桥登，曲各东西来，会于堂中门就坐。

礼佛毕，即当于堂东西两门，各有数十僧列立，各擎作莲花并碧幡。有一僧打磬，唱"一切恭敬，敬礼常住三宝"毕，即相公、将军起立取香器，州官皆随后取香盏，分配东西各行。相公东向去，持花幡僧等引前，同声作梵"如来妙色身"等二行颂也。始一老宿随，军亦随卫，在廊檐下去。尽僧行香毕，还从其途，指堂回来，作梵不息。将军向西行香，亦与东仪式同，一时来会本处。

此顷，东西梵音，交响绝妙。其唱礼，一师不动独立，行打磬，梵休，即亦云："敬礼常住三宝。"相公、将军共坐本座。擎行香时，受香之香炉，双坐。有一老宿圆乘和尚读咒愿毕，唱礼师唱为天龙八部等颂，语旨在严皇灵，每一行尾云："敬礼常住三宝。"相公诸司共立礼佛，三四遍唱了，即各随意。

相公等引军至堂后大殿里吃饭。五百众僧于廊下吃饭。随寺大小，屈僧多少；大寺卅，中寺廿五，小寺二十，皆各座一处长列。差每寺之勾当，各令办供。处处勾当，各自供养。其设斋不遂一处，一时施饭，一时吃了，即起散去，各赴本寺。于是日，相公别出钱，差勾当于两寺，令涌汤，浴诸寺众僧，三日为期。

九日，本国判官藤原朝臣贞敏于开元寺设斋，出五贯六百钱作食，供养新画阿弥陀佛⑥、妙见菩萨、四天王像，并六十余众僧。亦以此斯日令写龙兴寺法花院壁南岳、天台两大师像。……

廿三日，天晴。第一舶匠、运、射手等五十余人来寺斋，兼令念经。斋后，无量义寺僧道悟来相见，自道解真言。更有栖灵寺文琛法师传闻得真言法⑦，近者闻道三论留学僧常晓住彼寺，于琛法师房受真言法。拟画两部曼荼罗⑧。

廿九日，暮际，道俗共烧纸钱。俗家后夜烧竹与爆声，道万岁。街店之内，百种饭食异常弥满。日本国此夜宅庭屋里门前，到处尽点灯也。大唐不尔，但点常灯，不似本国也。寺家后夜打钟，众僧参集食堂礼佛。礼佛之时，众皆下床，于地上敷座具。礼佛了，还上床座。时有库司典座僧，在于众前读申岁内种种用途帐，令众闻知。未及晓明，灯前吃粥。饭食了，便散其房。迟明，各出自房观礼，众僧相共礼谒。寺家设供，三日便休。

注释

①**鉴真和尚：**（公元六八八—七六三年）江苏扬州

人，俗姓淳于。其父曾受戒，鉴真十六岁时出家进扬州大云寺当沙弥，两年后又受了菩萨戒。此后随道岸习律学。景龙元年（公元七〇七年）随师到洛阳，次年又到长安，在实际寺随弘景禅师受具足戒。此后五年潜心研究三藏，钻讨律学。后在故乡弘法布道，住在大明寺，成为江淮一带远近知名的受戒大师。以后，应日本留学僧荣叡、普照之请，天宝二年（公元七四二年）开始准备东渡日本弘法。经过多次努力（前后东渡六次，其中五次失败，第六次才东渡成功），耄龄盲目的鉴真终于踏上日本国土。鉴真受到了日本朝野的欢迎，称其为大和尚，授传灯法师位，迎入东大寺唐院安置。鉴真在日本为圣武皇帝授菩萨戒，创东大寺戒坛院，建立了招提律院，被推为日本律宗的开山始祖。此外，鉴真对日本天台宗、真言密宗的开创亦有不可埋没的贡献。他对日本文化发展的贡献是多方面的。

②**法进**：（公元七〇九—七七八年）鉴真的弟子。被日本律宗奉为仅次于鉴真的"第二和尚"。申州人（今河南南阳），俗姓王。与鉴真一起渡海到日本，协助他建东大寺戒坛院。继鉴真之后出长招提律院，其住地为唐禅院。历任天台三部律师、小僧都、大僧都等，被视为日本律宗的第二代祖师。

③**惠云**：随鉴真和尚到日本的二十四人之一。据日

本方面的资料，他在公元七九八年（延历）曾任律师，空海曾从其学律。被称为日本律宗第五祖。

④**《百论》**：提婆菩萨造，天亲菩萨释，鸠摩罗什译，三论之一。按提婆之梵本，原有二十三品，每品五偈，每偈三十二字，合百偈，故称《百论》。为古来三论家必修典籍。圆仁这里所说的是隋代名僧吉藏所撰的《百论疏》。

⑤**迦毗罗神**：迦毗罗（梵文 Kapila），又作劫比攞、劫毕罗。黄头赤色，数论派之祖，立二十五谛之义。为佛法守护神。

⑥**阿弥陀佛**：佛名，梵文 Amitā，译作无量。密教称阿弥陀佛为甘露王。按日本安然之说，引证梵语礼赞，谓阿弥陀佛之本名为观自在王如来，以无量寿佛、无量光佛为其德称。

⑦**真言法**：真言指如来真实言，被认为是无虚妄，是密教之法。

⑧**曼荼罗**：梵文 Maṇḍala，又作曼陀罗、满荼逻、漫怛罗等，或译作坛、道场，或译作轮圆具足、聚集。筑方圆之土坛安置诸尊于此以祭供者。而此坛中聚集具足诸尊诸德成一大法门，如毂辋辐具足而成圆满之车轮。此处的曼荼罗是图画，为四曼中的大曼荼罗师。大曼荼罗即总集诸尊的坛场。

译文

（十一月）二十九日，天晴。扬州有四十余座寺院，其中有渡海来日本的鉴真和尚原来住的龙兴寺，画像现在还在，以及法进僧原来住的白塔寺。李善就是在这进行《文选》的注释工作的；惠云法师也是白塔寺的僧人。大唐每州都有开元寺，而龙兴寺只有扬州才有。

下午六时，由长安来讲《百论》的和尚可思进来会见。第一舶判官藤原朝臣贞敏，原先患病痛苦，曾发愿要画妙见菩萨、四天王像，决定从今日起，由大使随从粟田家继到开元寺来确定画佛的地方。

三十日早晨，在迦毗罗神堂开始画妙见菩萨、四天王像。……

（十二月）八日，唐国忌日（敬宗逝世）。扬州府施开元寺五十贯钱设斋，供养五百名僧人。早晨，本寺的诸僧人齐集到寺，列坐东北西厢里。

上午八时，相公和将军从大门进到寺里来，相公、将军双立，慢慢步入寺里，前后有兵阵，左右都是护卫，州府各司官员都跟随而来。到讲堂前的砖砌下，相公、将军东西而分行。相公东行入东厢；将军西行入西厢。一会儿，换鞋洗手出来。佛殿前有两座桥，相公从东边的桥上去，将军从西边的桥上去，队伍由东西两侧而来，会于佛堂中门，一一就座。

礼佛完毕，在佛堂的东西两门，各有几十位僧人站立，每人手举莲花及碧幡。有一位僧人敲磬，唱诵"一切恭敬，敬礼常住三宝"完后，相公、将军各自起立取香器，州官也随即跟随取香盏，分配给东西两列的僧人。相公在东侧行，持花幡的僧人在前引导，同声唱梵呗"如来妙色身"等两行颂偈。开头是一老僧跟随，军卫也跟着，往廊檐下去。诸僧随队行香完毕，又沿着原路，回到堂中，梵呗不停。将军向西行香，仪式与东侧相同，一会又绕回原处。

这时，东西两侧梵呗交响，煞是精妙。唱礼师独立不动，击磬，等梵呗停止，就吟诵："敬礼常住三宝。"相公、将军一起坐在原位。拿着行香时的香炉的人也并坐在一旁。有一位老僧圆乘和尚读完咒愿，唱礼师就吟唱天龙八部等颂偈，意思都是在祈祷已故皇帝亡灵庄严威猛，在每行颂偈的末尾都说："敬礼常住三宝。"相公和州府各司的官吏一起站立礼佛，等唱诵三四遍后便各自退去。

相公等带领队伍到佛堂后的大殿里吃饭。五百多位僧人在廊下吃饭。按各寺大小请的僧人也不一样，大寺请三十人，中寺请二十五人，小寺请二十人，都各坐一处排成长列。每寺派僧务人员分别办理各自的供养，每个寺各自关照本寺。设斋不止一处，一会儿施饭食，吃完，于是散去，各归本寺。当日，相公又另外出资，派专司在两寺烧汤，让众师父们洗澡沐浴，一连三日。

九日，判官藤原朝臣贞敏在开元寺设斋，出资五贯六百钱做食物，供养新画好的阿弥陀佛、妙见菩萨、四天王像，共有六十多位僧人参加了这次斋会。这天，请画师摹龙兴寺壁上的南岳、天台两大师像。……

二十三日，天晴。第一船的匠人、水手、射手等五十多人来寺打斋，并让他们念经。斋后，无量义寺僧人道悟前来，自称真言宗。又听说栖灵寺文琛法师懂真言法，传言近来专攻三论的留学僧常晓住在该寺，随文琛法师学真言法。计划画两部曼荼罗。

二十九日，黄昏，僧俗一起烧纸钱。俗家在后半夜燃放爆竹，在爆竹声中互道万岁。街店里陈列百种丰盛的饭食。在日本国，这一夜在庭院屋里门前，到处点灯。大唐国并不这样，只是点平时的那些灯，不像日本。寺院在后半夜敲钟，众僧齐集在食堂里礼佛。礼佛时，众僧都下床，地上敷设座具。礼佛完毕便回到床上就座。这时库司典座僧便在众僧跟前宣读一年之内本寺的种种日用账目，让大家都知晓。不等天亮，便在灯下吃粥。食事完毕，各自散归房中。天明，僧人们又各自出房观礼，相互礼拜谒请。寺里设斋，三天便结束。

原典

（开成四年正月）三日，始画南岳、天台两大师像两铺各三副。昔梁代有韩幹，是人当梁朝为画手之第一，若画禽兽像，及乎着其眼，则能飞走。寻南岳大师颜影，写著于扬州龙兴寺，敕安置法花道场①琉璃殿南廊壁上。乃令大使傔从粟田家继写取，无一亏谬。遂于开元寺令其家继图绢上，容貌衣服之体也，一依韩幹之样。又彼院门廊壁上，画写诵《法花经》②将数致异感和尚等影，数及廿来，不能具写。

琉璃殿东有"普贤③回风之堂"，昔有火起，尽烧彼寺。烧至法花院，有诵经师灵祐，于此普贤堂内诵《法花经》，忽然大风起自院里，吹却其火，不烧彼堂。时人因号"普贤回风之堂"。

又于东塔院安置鉴真和尚素影，阁题云"过海和尚素影"。更中门内东端建"过海和尚碑铭"，其碑序记鉴真和尚为佛法渡海之事，称和尚过海遇恶风，初到蛇海，（蛇）长数丈余，行一日即尽；次至黑海，海色如墨等者。又闻敕符到州，其符状称，准朝贡使奏，为日本国使，帖于楚州雇船，便以三月令渡海者，未详其旨。

六日，相公随军沈弁来云："相公传语，从今月初五日,为国并得钱修开元寺栴檀瑞像阁,寄孝感寺,令讲经募缘。请本国和尚特到听讲,兼催本国诸官等结缘舍钱者。"

七日,沈弁来传相公语言:"州府诸官拟以明日会集孝感寺,特屈本国和尚相来者(看)讲者。"兼有讲经法师璠募缘文。案彼状称:修瑞像阁,讲《金刚经》[④],所乞钱五十贯。状过相公,赐招募同缘同因,寄孝感寺讲经候缘者。其状如别。沈弁申云:"相公施一千贯,此讲以一月为期,每日进赴听法人多数,计以一万贯,得修此阁。波斯国出千贯钱,婆国人舍二百贯。今国众计少人数,仍募五十贯者。"转催感少。……

十七日,沈弁来,助忧迟发,便问:"殊蒙相公牒,得往台州否?"沈弁书答云:"弁谘问相公,前后三四度。谘说:'本国和尚往台州,拟一文牒,不审得否?'相公所说,扬州文牒出,到浙西道及浙东道,不得一事,须得闻奏。敕下即得,余不得。又相公所管八州,以相公牒便得往还。其润州、台州,别有相公,各有管领。彼此守职不相交,恐若非敕诏,无以顺行矣。"

斋后,当寺堂前敷张珍奇,安置四十二贤圣[⑤]素像,异种珍彩,不可记得。贤圣容貌,或闭目观念,或仰面远视,或向傍似有语话,或伏面瞻地;四十二像皆有四十二种容貌。宴座之别,或结跏趺座,或半跏座，座法不同。四十二贤圣外，别置普贤、文殊像，并共命鸟⑥、伽陵频伽鸟⑦像。暮际，点灯供养诸圣影。入夜，唱礼礼佛，并作梵赞叹。作梵法师一来入，或擎金莲玉幡，列座圣前，同声梵赞，通夜无休。每一圣前，点碗灯。

十八日晓，供养药粥。斋时即供饭食，百种尽味。视听男女，不论昼夜，会集多数，兼于堂头设斋供僧。入夜，更点灯供养，兼以梵赞，计二日二夜。又大官军中并寺里僧，并以今日咸皆拣米，不限日数。从州运米分付诸寺，随众多少，斛数不定，十斛廿斛耳。寺库领受，更与众僧，或一斗，或一斗五升。众僧得之，拣择好恶。破者为恶，不破为好。设得一斗之米者，分为二分，其好才得六升，而好恶异袋，还纳官里。诸寺亦同此式。或各拣择好恶，皆返纳官里。得二色米，好者进奉天子，以充御食；恶者留着，纳于官里。但分付（官）人军人中并僧，不致百姓。抑州拣粟米更难择。扬州择米，米色极黑，择却稻粒并破损粒，唯取健好。自余诸州不如此也。闻道相公拣五石，监军门同之。郎中二石，郎官一石，军中、师僧一斗五升或一斗。

又相公近者屈来润州鹤林寺律大德光义，暂置惠照寺。相公拟以此僧为当州僧正⑧，便令住此开元寺。其僧正检领扬州都督府诸寺之事并僧等。凡此唐国有僧录⑨、僧正、监寺⑩三种色：僧录统领天下诸寺，整理佛法；僧正唯在一都督管内；监寺限在一寺。自外方有三纲并库司等。暮际，僧正住当寺。

廿日，暮际，僧正来相看慰情。……

廿五日，就延光寺僧惠威觅得《法花圆镜》⑪三卷。

注释

①**法花道场**：即法华道场，乃修法华三昧仪式的场所。是法华三昧法的四种三昧之一，每逢三、七日行道诵经。

②**《法花经》**：即《法华经》，《妙法莲华经》的简称，是说明三乘方便、一乘真实的经典，为天台宗立说的主要依据。

③**普贤**：梵名邲输跋陀 Visvabhadra，又作三曼多跋陀罗 Samantabhadra，译普贤或遍吉。为主一切诸佛之理德、定德、行德，与文殊之智德、证德相对。为释迦佛两胁士之一，乘白象侍佛之右方。又密教普贤有二体，一为大日内眷属中之上首金刚菩萨，一为大日内眷属中之上首，是与显教之普贤菩萨同体。

④**《金刚经》**：《金刚般若波罗蜜经》之简称，又名《金刚般若经》。该经由鸠摩罗什译。此经以空慧为体，

谓世界上一切事物空幻不实，认为对现实世界不应该执着或留恋。

⑤**四十二贤圣**：贤圣即和善、会正、调心、离恶、证理者等义。据唐《法门名义集》，四十二贤圣即为十解、十行、十回向、十地、等觉地、妙觉地。总数为四十二贤圣。

⑥**共命鸟**：梵语 Jivajiva，又作命命鸟、生生鸟。梵曰耆婆耆婆。两首一身，果报同，心识别。是印度空想中的灵鸟。

⑦**伽陵频伽鸟**：梵语 Kalavinka，又作迦陵频伽，意为好声、和雅。或曰妙音鸟，为印度神鸟。本出雪山，在壳中即能鸣，其声和雅，听者不厌。

⑧**僧正**：佛教僧官。后秦时始设管秦地僧尼。南朝历代设之。唐时在各州立僧正管理地方僧尼事务。

⑨**僧录**：佛教僧官。始设于后秦，其职不明，是次副职。唐朝重置，掌全国寺院、僧籍以及僧官补授等。

⑩**监寺**：佛教僧职。又作监院、院主、主首，总管一寺事务。

⑪**《法花圆镜》**：据圆仁《入唐求法目录》，可能是《法华经圆镜》，亦可能是《法华圆镜枢决》（天长寺释延秀集）。

译文

［开成四年（公元八三九年）正月］三日，开始画南岳、天台两大师像两幅，各有三张副本。梁代有韩幹（按：韩幹是唐代玄宗朝的名画家），为梁代画坛第一高手，所画禽兽像，一点眼睛就会飞走。在扬州龙兴寺找到了南岳大师的影像，是敕令安置在法华道场琉璃坛南廊墙壁上的。便让大使随从粟田家继摹画，一点没有走样。于是在开元寺让家继将影像画在绢布上，容貌衣服，仍然与韩幹画的一样。又在该院门廊的墙壁上摹写吟诵《法华经》的和尚影像，有二十多幅，可惜不能一一说出他们的名字。

琉璃殿东有"普贤回风之堂"，过去发生过一次火灾，将该寺焚烧殆尽，烧到法华院，恰有诵经师灵祐在普贤堂诵《法华经》，忽然由院内刮起大风，吹灭大火，使该堂幸免于火。时人因此称之为"普贤回风之堂"。

在东塔院有鉴真和尚的法像，阁上题有"过海和尚素影"。在中门里的东头，立有"过海和尚碑铭"，碑文记述了鉴真和尚为弘扬佛法渡海去日本的事迹，说大师渡海遇到狂风，初到蛇海，有数丈长的蛇，行驶一天便过蛇海；接着到黑海，海水墨般黑等。又听说有敕符到州府，该符中称，已同意日本朝贡使的请求，专为日本使团下帖在楚州雇船，拟三月份渡海回日本。详情不甚清楚。

六日，李相公的随从沈弁来说："相公有话，从本月初五起，为国家募钱，以修缮开元寺旃檀瑞像阁，借孝感寺讲经募缘。请日本国的和尚们去听讲经，并通知日本使团各官化缘布施。"

七日，沈弁来转达李相公的话："扬州府各衙门准备明天在孝感寺集会，特请日本国和尚前去听讲。"并有讲经法师在璠募缘文。另有文书说："为修瑞像阁，讲《金刚经》，所得五十贯钱。状文经过相公审批，请求允许招募同道，借孝感寺讲经化缘。"状文在别处。沈弁告诉说："相公施舍了千贯钱，这个讲经会以一个月为期，每天来随缘听讲的人很多，估计能得一万贯，可以支付修阁的费用。波斯国出钱一千贯，婆国人出钱二百贯。现今国人最少，仍然募得五十贯。"反而感到很少。……

十七日，沈弁来，更增滞旅之忧，就问："呈给相公的请到台州去的申请批准了吗？"沈弁以笔答："弁已问了相公三四次。问道：'日本国和尚去台州的那个文告不知看过没有？'相公官署的人说，扬州府的公文已发出，但得到浙西道、浙东道，不那么简单，要向圣上请示，等敕令下来便行，别无办法。相公所管八州，凭相公的公文便畅通无阻。润州、台州，为别的相公所管，各不相统。彼此职守不同，如没有圣上敕令，恐怕就不那么容易成行。"

斋后，在寺堂前陈列珍奇，安置四十二贤圣像，奇珍异彩，不能尽述。各贤圣菩萨的容颜不一，有的闭目观念，有的仰面远视，有的面向一旁好像要讲话，有的低头望地，若有所思；四十二个像有四十二种容貌。他们的坐相也不同，有的结跏趺坐，有的半跏坐，各不相同。除四十二贤圣像外，还另置普贤、文殊两菩萨像，以及共命鸟、伽陵频伽鸟的像。黄昏之后，点灯供养诸圣像。夜间，唱礼偈礼佛，并作梵呗赞叹。作梵法师一进寺院，有的还拿着金色莲花玉幡，就在圣像前坐下，一起作梵呗，彻夜不辍。每个圣贤前，都点一盏长明灯供养。

十八日早晨，供药粥。午斋时有饭食，百味会集。善男信女，不分昼夜，聚集成群，并在堂头设斋供养僧人。入夜，又点灯供养，并作梵呗赞叹，一直持续两天两夜。大官、军队和寺院僧侣今日都拣米，不限时日。从州府运来米分发到各寺院，根据寺僧多寡所分之米不等，有十斛、二十斛的，寺库收下后再分到各僧处，一斗或一斗五升。僧人们拿到米后，便将米按好的、坏的分开。破损的算坏的，完整的算好的。比如一斗米，分成好坏，好的才得六升，优劣分开，再缴还官里。各寺都是如此，将米分拣后还回官里。官中得二色米，好的进奉天子，充御食之用；次的留下，纳入官库。这工作就只给官人、军人和僧人做，并不让百姓做。那些择粟米的州活更难做些。扬州择米，米色极黑，将稻粒及破损米粒择出，仅留浑圆完好的，其他各州却不是如此。听说相公要拣五石米，监军门也一样，郎中拣二石，郎官拣一石，军中、师僧拣一斗五升，或者是一斗。

相公近来请润州（今江苏镇江）鹤林寺律大德光义来主持僧务，暂住惠照寺。相公想请他任本州僧正，让他住开元寺。僧正统管扬州都督府境内各寺的僧人事务。大唐有僧录、僧正、监寺三种僧官。僧录管天下所有寺院的僧务，整理佛法；僧正统都督府内僧务；监寺权限在一寺。此外每寺尚有三纲、库司等职。黄昏时分，光义大德移居开元寺。

二十日，黄昏，僧正来看望问候。……

二十五日，在延光寺僧惠威处得到《法华圆镜》三卷。

原典

（闰正月）十九日，天台山禅林寺僧敬文来相见。书云："敬文住天台山禅林寺，随师在此山中出家廿一夏，学《四分律南山钞》①，学天台《法花经》《止观》②。

去年十月初三日离寺至浙西苏州，知日本国有使进献，有大和尚相从，故此寻访。敬文又于童年时随和尚行满③见最澄④阇梨来取天台教门，尔后计已卅年未得消息。适闻知澄大德已灵变，道门哀丧，当须奈何。无许，满和尚却来入天台山，满和尚已亡化，经十六年。敬文忽闻二大德在，故此寻访矣。"

请益僧书："爰圆仁是前入唐最澄和尚之弟子，为寻天台遗迹，来到此间。缘敕未下，暂住此寺，不得进发，请照之。"

敬文书云："最澄和尚贞元廿一年入天台，后归本国，深喜得达。所将天台教法，彼土机缘多少？彼国当时储君云是南岳示生，令后事宜不委。今既是澄和尚弟子，敕未下前何不且入天台待，忽住此经久，敕下来使即发还本国，如何更得从容。"云云。

请益僧问："未审彼天台国清寺几僧几座主在？"

敬文答云："国清寺常有一百五十僧久住，夏节⑤有三百已上人泊。禅林寺常有四十人住，夏节七十余人。国清寺有维蠲座主，每讲《止观》。广修⑥座主下成业。禅林寺即是广修座主长讲《法花（华）经》《止观》玄义，冬夏不阙。后学座主亦有数人。"云云。多有语话。如今任住当州惠照寺禅林院，到暮归去。

廿一日，敬文又亦来，笔言通情。已后相续来语话。就嵩山院持念和尚全雅，借写《金刚界[7]诸尊仪轨》等数十卷。此全和尚现有胎藏[8]、金刚两部曼荼罗，兼解作坛法。

二月五日，和尚全雅来房里，作如意轮坛[9]。……

廿七日，留学僧为向扬州，排比随身物。斋后，本国使赐留学僧东绝卅五匹、帖绵十叠、长绵六十五屯、砂金廿五大两，充学问料。朝贡使赐勾当王友真酒饮，惜别。斋后，本国相公唤留学僧，赐砂金，流泪慰别。

圆澄称："去月四日从长安发归，十三日至填州甘堂驿，拟留楚州，更不向扬州。官人等从在京之日，沉病辛苦。然去月十三日，入内里廿五人，录事不得从。会集诸蕃总五国。南照国第一立，日本国第二，自余皆王子。不着冠，其形体屈丑，着皮毡等。又留学生、道俗总不许留此间。圆载禅师独有敕许往留台州，自余皆可归本乡。又，请益法师不许往台州。左右尽谋，遂不被许，是以叹息者。"大座主寄上天台山书一函，并纳袈裟及寺家未决、修禅院未决等，并分付留学僧既了。

（三月）一日，本国相公令本国画工三人于开元寺画妙见菩萨、四天王像，是海中漂没之时所发愿也。

三日，相公于开元寺设斋，供六十余僧，舍钱七贯五百文，以充斋俵二色。斋后，天台山禅林寺僧敬文从扬州来，寄送本国无行法师书札一封，寄上圆澄座主书状一封。是敬文从扬州来，在路不逢圆载阇梨。乍到，拟入开元寺，缘看门人不放入，移住崔家禅院。遣惟正慰问，兼赠细茶等。

夜头，本国相公为遂海中所发之愿，于开元寺堂里点千盏灯，供养妙见菩萨并四天王。便令重誓：去年漂没之时，更发愿，到陆之日，准己身高，画妙见菩萨十躯、药师佛[10]一躯、观世（音）菩萨[11]一躯。着岸之后，公事繁多，兼在旅中，诸事难备，不能修造。到本国之日，必将画造前件功德云云。此州不作三月三日之节。……

五日，斋后，前画胎藏曼荼罗一铺五副了，但未彩色耳。又缘求法难遂，可留住唐国之状献大使相公。具状在别，相公报宣云："如要留住，是为佛道，不敢违意，要住即留。但此国之政极峻，官家知闻，便导违敕之罪，有扰恼欤。但能思量耳。"云云。

注释

①《四分律南山钞》：道宣所撰的《四分律删繁补阙行事钞》的略称。《四分律》，又称"昙无德律"（昙无德译法藏），律即是戒律。道宣将南北朝以来已开始

的、由原来的诸部糅杂偏重《十诵》转变为偏重《四分》，对《四分律》做了"定于一"的阐释，以及关于传、受戒法制度的各种规定。此后研习律藏的，都得以以道宣的解释和规定为依据。因道宣晚年居终南山，故将此律命为"南山宗"。

②《止观》：指《摩诃止观》，为天台三大部之一，十卷，由智颛讲述，灌顶整理成书。

③**行满**：万州南浦人，一说苏州人。二十岁出家，二十五岁受具足戒，师从桴槎寺湛然学习《摩诃止观》和《涅槃经疏》等。后随师入天台山。日本僧最澄曾在山中见过他。

④**最澄**：（公元七六七—八二二年）日本国江州（即近江）滋贺人。俗姓三津首，幼名广野。其父是归化人。最澄幼年即随近江的国师行表高僧，后赴南都，开始学习鉴真和尚带来的天台宗经释。二十岁时感慨求法的浇漓，世态的无常，进入比睿山无人之境，结草庵居住，独自冥想三观之理。延历七年（公元七八八年）自刻药师如来的圣像并营建佛殿安置。开日本山岳佛教之先河。延历二十二年最澄入唐，次年到宁波。先到台州天台山从修禅寺的道邃、佛陇寺的行满学圆教，又与义真一起从道邃和尚受菩萨大戒。还从禅林寺的翛然学得牛头法融一派的禅法。次年回国入京师，奉天皇敕

命为南都八高僧讲授天台宗法门,又在高雄山寺建筑法坛,为道证、修圆、勤操、正能等八位大师授灌顶。是为日本有灌顶之始。

最澄又欲扩展比睿山规模,于是在延历二十五年(公元八〇六年)正月上表说,在历来的诸宗中要新加上天台法华这一宗,山上每年受度二人,设止观、遮那二业,以《法华》《金光明》《仁王》和《遮那》《孔雀》《守护》分别作为二业的三部经。此外,比睿山应脱离僧纲的统摄,舍弃南都的小乘戒而另在比睿山建筑大乘圆顿戒的戒坛。最澄的主张遭到南都的僧纲及东大寺的景深等人的强烈反对,其奏言没被采纳。最澄所著有《显戒论》《守护国界章》等。他示寂后,天皇特别下诏,根据其生前的奏状,准予传授大乘戒,且赐以延历寺敕额。清和天皇贞观八年(公元八六六年),追赠最澄"传教大师"的谥号。这是日本有大师号之始。圆仁从十五岁即成为最澄的忠实弟子,以后又成为最澄的继承人。

⑤夏节:即结夏,夏安居的简称,梵文 Vārṣika 的意译,或作雨安居、夏坐、坐夏。在古印度雨期的三个月(五月至八月)里,禁止僧尼外出,认为外出易伤草木小虫,应在寺内坐禅修学,接受供养。这段时间称安居期。在中国,安居期在阴历四月十六日至七月十五

日。南亚、东南亚各国称雨安居,中国称夏安居。开始坐夏称"结夏",结束称"安居竟""解夏"。

⑥**广修**:(公元七七〇—八四四年?)浙江东阳人,俗姓留氏,道邃的弟子。日诵《法华》《维摩》《金光明》《梵网》《四分戒本》。六时行道不辍,每岁行忏法七七日。日本国僧圆载曾随其学法。

⑦**金刚界**:梵文 Vajradhātu 的意译。密教认为宇宙万有都是大日如来的显现,表现在"智德"方面称为"金刚界",以金刚喻此智在其能摧一切烦恼。它有智、果、始觉、自证四个方面的意义。从《金刚顶经》来说,将金刚界用图绘表示,称"金刚界曼荼罗"。与胎藏界并称"真言两部"或"金胎两部"。

⑧**胎藏**:即胎藏界,梵文 Garbhadhātu 的意译。密教认为宇宙万有皆大日如来的显现,表现其本有的觉悟,即真如佛性方面,称胎藏界。因它隐藏在烦恼之中不显,故喻为胎藏;也有谓它具足一切功德,如母胎内含藏子体,故称,皆就其为觉悟的本原而言。具有理(佛性)、因(觉悟之基因)、本觉(本性清净,为成佛依据)三个主要意义。将胎藏界用图绘示,称胎藏界曼荼罗。与金刚界并称"真言两部"或"金胎两部"。

⑨**如意轮坛**:安置如意轮观音像的法坛。如意轮观

音，梵文 Cintāmanicakra-aval-okiteśvara 的意译。佛教菩萨名，六观音之一，手持如意宝珠和轮宝，分别表示满足众生祈愿和转法轮。密教称"持宝金刚"，有六臂。

⑩**药师佛**：梵文 Bhaiṣajyaguruvaiḍūryaprabhāsa 的意译。全称药师琉璃光如来，音译鞞杀社窭噜，亦称大医王佛、医王善逝等。为东方净琉璃世界的教主。《药师经》中称其曾经发过十二大愿，要满足众生一切愿望，拔除众生一切痛苦。

⑪**观世（音）菩萨**：梵文 Avalokiteśvara 的意译，亦译光世音，新译观自在、观世自在，音译阿婆卢吉低舍婆罗，阿弥陀佛的左胁侍，西方三圣之一。佛教中大慈大悲的菩萨。经云只要遇难众生诵念其法名，菩萨即观其音声前往拯救解脱。唐时讳太宗李世民名，故称观音。是中国佛教四大菩萨之一。相传其显灵说法的道场在浙江普陀山，据称其生日是夏历二月十九日，成道日是夏历六月十九日，涅槃日是夏历九月十九日。有各种不同名称和形象的观音。据称可应机以种种化身救众苦难。在中国寺院中塑造的常作女相，这大约始于南北朝，盛于唐代以后。

译文

（闰正月）十九日，天台山禅林寺僧敬文来看望，以书写交谈说："敬文住天台山禅林寺，随师出家在此山已二十一年，学《四分律南山钞》，学天台《法华经》《止观》。去年十月初三离寺到浙西苏州，知道有日本国使进献，还有大和尚随使而来，所以前来寻访。敬文童年时随师父行满曾见过来取天台教法的最澄阇梨，此后已有三十年没有音信了。现在才知道最澄大德已归寂，悲痛之情，难以言表。先前，行满师父刚入天台山，现在，师父坐化已有十六年了。敬文忽然听说两位大德在此，便寻到这里来了。"

请益僧接过话头写道："因圆仁是前入唐僧最澄的弟子，为访寻天台遗迹，来到大唐，因为敕令未下，暂居此寺，不能启程，请多照应。"

敬文又写道："最澄和尚于贞元二十一年（公元八〇五年）入天台，后回日本，非常高兴得到教益。所带回的天台教法，在贵国甚有机缘。听说贵国当时的储君自称是南岳大师转世，想必是很不错的。您既是最澄和尚的弟子，在敕令下达之前为什么不先到天台去等敕令呢？待在这儿这么久，如果敕令下来而大使又要回国，您怎么能从容寻访呢？"

请益僧问："不知贵天台国清寺有多少僧人？几位座主？"

敬文答："国清寺有一百五十僧常住，坐夏节时有三百人以上。禅林寺有常住僧四十人，坐夏节时亦达七十多人。国清寺有维蠲座主，常讲《止观》，广修座主以下成业。禅林寺便是广修座主长期讲《法华经》《止观》《玄义》的场所，冬夏不辍。后学座主还有数人。"还谈了许多话。敬文现住扬州惠照寺禅林院，傍晚便回去。

二十一日，敬文又来了，笔言通情。以后又常来聊天。在嵩山院持念和尚全雅处借抄金刚界诸尊仪轨等数十卷。全雅和尚处有金刚、胎藏两部曼荼罗，并懂作坛之法。

二月五日，全雅和尚来房里，作如意轮坛。……

二十七日，留学僧为去扬州收拾行装。斋后，日本国大使赐留学僧东绝三十五匹、贴绵十叠、长绵六十五屯、沙金二十五大两，以作学习时资用。朝贡使设宴款待王友真专员。斋后，日本国相公叫住留学僧，赐砂金，依依惜别。

圆澄说："上月四日从长安回来，十三日到填州（陕州？）甘棠驿，本想留在楚州，不来扬州。大使一行人在长安时，病痛辛苦。到上月十三日，只有二十五人入宫，录事也不能去。共有五个蕃国一起进去。南诏国在最前面，日本国第二，其他来的都是王子。不戴冠，形状丑陋，穿皮毡等。再是留学生、道俗都不让留在这里。只有圆载法师得敕允许前往台州,其余的都得回国。又,请益的法师等不让去台州。大家千方百计,终于没有如愿,令人叹息懊丧。"说着将大座主带往天台山的信函、纳的袈裟和寺家未决的法要、修禅院未决的法要等,一一托与留学僧。……

三月一日,日本国相公让本国画工三人在开元寺画妙见菩萨、四天王像,这是为遂了在海中漂流时发的愿。

三日,相公在开元寺设斋,供六十余僧,施钱七贯五百文,以作斋、傔二项费用。斋后,天台山禅林寺僧敬文由扬州来,托带给日本国无行法师书札一封,托带给圆澄座主书状一封。敬文由扬州来,一路上没遇见圆载阇梨。刚到,要来开元寺,因守门人不让进,便住崔家禅院。派惟正去探望,并赠细茶等礼品。

这天夜里,本国相公为实现海中所发之愿,在开元寺堂里点千盏灯,供养妙见菩萨及四天王。又重新发誓:去年漂流时,便发愿登岸之日,一定要以己身高,画妙见菩萨十幅、药师佛一幅、观世音菩萨一幅。登岸后因公事繁多,加之身在旅途,诸事不便,没能如愿。等回国之后,一定完成前许的各项功德。此州没有三月三日的节日。……

五日,斋后,以前所画胎藏曼荼罗一幅副本五幅已好,但尚未着色。又因求法没成,想留住唐国的请求状交给藤原大使。书状文在另纸。藤原大使告诫说:"为求佛法而留下,圣意难违,留下便是了。只是唐国政法极严,官府若侦知,便要科以违敕之罪,麻烦很大。请慎思而定。"

2　从赤山到五台

原典

（六月）七日午时，乾风吹，举帆进行。未申之际，到赤山东边泊船。乾风大切。其赤山纯是岩石高秀处，即文登县清宁乡赤山村。山里有寺，名赤山法花院，本张宝高初所建也。长有庄田以充粥饭，其庄田一年得五百石米。冬夏讲说，冬讲《法花经》，夏讲八卷《金光明经》①，长年讲之。南北有岩岑，水通院庭，从西而东流。东方望海远开南西，北方连峰作壁，但坤隅斜下耳。当今新罗通事、押衙张咏及林大使、王训等专勾当。

八日暮际，请益法师及惟正、惟晓等登寺，偶谒寺家。诸僧等卅有余，相看啜茶，夜宿闲房。……

（七月）廿三日早朝，山头望见泊舶处，九只船并不见，便知夜头同发。西北风吹。赤山东北隔海去百许里，遥见山，唤为青山，三峰并连，遥交炳然。此乃秦始皇于海上修桥之处。始皇又于此山向东见蓬莱山、瀛山、胡山，便于此死。其时麻鞋今见在矣。见旧老说，便得知之。

三僧为向天台，忘归国之意，留在赤山院。每问行李，向南去道路绝远；闻道向北巡礼有五台山，去此二千余里，计南远北近。又闻有天台宗和尚法号志远、文鉴座主兼天台玄素座主之弟子，今在五台山修法花三昧②，传天台教迹，北台在宋谷兰若，先修法花三昧得道。近代有进禅师，楚州龙兴寺僧也，持《涅槃经》③一千部入台山，志远禅师边受法花三昧，入道场求普贤，在院行道，得见大圣④，如今廿年来也。依新罗僧圣林和尚口说记之。此僧入五台及长安游行，得廿年来此山院。语话之次，常闻台山圣迹，甚有奇特，深喜近于圣境，暂休向天台之议，更发入五台之意。仍改先意，便拟山院过冬，到春游行巡礼台山。……

（九月）十二日午时，云雷雹雨。五更之后，龙相斗鸣，雹雨交下，电光纷耀，数克不息，到晓便止。朝出见之，冰雹流积三四寸许，凝积如雪。老僧等云："古来相传，此山多有龙宫。"

祠部⑤　牒

上都章敬寺新罗僧法清

右请准格所在随缘头陀⑥

　　牒得前件僧状称：本心入道，志乐头陀。但是名山，归心礼谒；经行林下，所在寻师，学迦叶⑦之行门，进修佛理。请准乾元和元年四月十二日敕，三藏僧般若力奏弟子大会等请头陀，奉依释教，准敕修行。所在头陀，勿亏圣典。但为持念损心，近加风疾，发动无恒，药饵之间，要须市易将息。今欲往诸山巡礼及寻医疗疾，恐所在关戍、城门、街铺、村坊、佛堂、山林兰若、州县寺舍等不练行由，请给公验者，付库检得报敕内名同者。谨检格：僧尼有能行头陀者，到州县寺舍，任安置将理，不得所由恐动者。僧法清请头陀检勘同者，准状牒。故牒

　　　　　　　　元和二年二月　日

　　　　　　　令吏（史）　潘伦　牒

　　　　　　　主事　　　　赵参

　　　　　　　员外郎　　　周仲孙

日本国求法僧等　　　　　　　牒　当寺

僧圆仁　从僧惟正　惟晓　行者丁雄万

请寺帖报州县给与随缘头陀公验

　　牒：僧等本意钦慕释教，远投仁境，归心圣迹，志

乐巡礼。见说台山等诸处，法教之根原，大圣之化处，西天高僧逾险寻访，汉地名德在兹得道矣。僧等之仰彼芳猷，偶属良缘，幸到圣国。今欲往赴诸处，以遂旧情。恐在道路，不练行由。传闻般若三藏为头陀僧奏请公验，准敕修行，起昔续今也。伏望当寺准当国格例，帖报州县，请给公验。然则纲维弘法之芳声，远振海外；催劝之恩赖，扶扬佛日。不任恳诚之至。具状如前，牒件状如前。谨牒

开成四年九月廿六日
日本国延历寺求法僧

注释

①**《金光明经》**：梵文 Suvarṇaprabhāsottamasūtra。有北凉昙无谶译四卷，说诵读流布此经的国土，将受到四天王诸神的保护。另有北周耶舍崛多译《金光明更广大辩才陀罗尼经》五卷，陈真谛译《金光明帝王经》七卷，隋阇那崛多译《金光明银主陀罗尼品》一卷，以及隋宝贵等糅编前四译本的《合部金光明经》八卷（缺品），唐义净译《金光明最胜王经》十卷。各家注释甚多，以智顗所著《玄义》二卷和《文句》六卷较有名。

②**法花三昧**：即法华三昧。智顗在《摩诃止观》中所说的四种三昧之一，是修习止观的重要行法。智顗的

忏法，就是要将这三昧体现出来。因此，智𫖮依《法华经》的《普贤菩萨劝发品》和《普贤观经》而成的《法华三昧忏仪》，既是修行的方法，也是忏悔的仪式，其内容为严净道场、净身、三业供养、奉请三宝、赞叹三宝、礼佛、忏悔、行道旋绕、诵法华法、思维一实境界（即坐禅实相正观）等十法。

③**《涅槃经》**：有大乘、小乘二部。小乘《涅槃经》，西晋白法祖译《佛般泥洹经》二卷，东晋法显译《大般涅槃经》三卷，为同本异译，说八相成道化身之释迦，于拘尸那城入涅槃前法之状者，是化身佛之实录。大乘《涅槃经》，有西晋竺法护译《佛说方等般泥洹经》二卷，东晋法显译《大般泥洹经》六卷，隋阇那崛多译《西童子三昧经》三卷等。其全经由北凉昙无谶译《大般涅槃经》四十卷，称北本《涅槃》。后刘宋慧观等再治前经为《大般涅槃经》三十六卷，称南本《涅槃》。说佛之涅槃，非灰身灭智，佛今虽现入灭之相，但法身常住不灭。

④**大圣**：佛的尊号，亦用来指称高位的菩萨。

⑤**祠部**：始设自曹魏的中央机构，隋唐时属尚书省礼部，所掌有祠祀、享祭、天文、漏刻、国忌、庙讳、卜筮、医药、僧尼等。

⑥**头陀**：梵文 Dhūta 的音译。又作杜多、杜荼，

意为抖擞，即去掉尘垢烦恼之义。佛教苦行之一。据《十二头陀经》《大乘义章》等载，共有十二种修行规定，称头陀行。其内容有着粪扫衣（用被遗弃的破布缝制僧服）、着三衣、常乞食、不作余食（一天只吃午饭）、一坐食（除午饭外不吃零食）、节量食（钵中只受一团饭）、住阿兰若（住远离人家的空闲处）、冢间坐、树下坐、露地坐、随地坐、常坐不卧。其中一、二项属衣，三、四、五、六项属食，其余六项属住，按这些规定修行的，称修头陀行者。

⑦迦叶：全称摩诃迦叶，梵文 Kāśyapa，即大迦叶，又作迦叶波、迦摄波等，意为饮光。古印度摩揭陀国王舍城人，属婆罗门种姓。释迦牟尼佛的十大弟子之一。谓少欲知足，常修头陀行，故称头陀第一。传说是佛教第一次结集的召集人。

译文

（六月）七日午时，西北风吹，扬帆而行，午后三时到赤山（山东文登县东南一百里）东边停泊。西北风劲吹。赤山危岩高耸挺秀，那儿便是文登县清宁乡赤山村。山中有寺，名赤山法华院，原为张宝高始建，寺有庄田，以充粥饭之用，庄田一年可得五百石米。冬夏讲说，冬天讲《法华经》，夏天讲《金光明经》（八卷），长年如此。南北有岩岑,有水通到庭院,自西而东流去。东方是开阔的大海,南、西、北三个方向都是群峰壁立,只有西南方山势较缓。现任新罗通事、押衙张咏和林大使、王训等专门主持此间事务。

八日黄昏,请益法师和惟正、惟晓等去寺中拜谒寺家。该寺有僧人三十多位,相见啜茶,当晚在闲房住宿。……

(七月)二十三日早晨,在山头看泊船处,已不见那九只船,便知已在夜间走了。西北风吹。赤山东北隔海百余里,遥见有山,唤作青山,三峰相连,遥看俨然。这便是秦始皇在海上修桥的地方。始皇在此山向东看到蓬莱山、瀛山、胡山,便在这儿死去。当年的麻鞋现在还能见到。遇到耆老之辈,便能知晓这故事。

三僧为巡礼天台,忘记归国之意,留住赤山院。有谈论行程,往南去天台道路遥远,听说往北有五台山可巡礼,距此地二千余里,南远北近。又听说天台宗和尚志远、文鉴及天台玄素座主的弟子现在五台山修法华三昧,传天台教迹。北台在宋谷兰若。先修法华三昧得道。近代的有进禅师,原为龙兴寺僧人,持《涅槃经》一千部,到五台山随志远禅师受法华三昧,进道场求普贤,在院里行道,见到了大圣,现在已有二十多年了。这是据新罗僧人圣林和尚所述而记下的。该僧曾去五台山及长安云游，来此院已二十年。说话间，常常听到关于五台山圣迹的传闻，很感奇特，心中颇生身临圣境之情；于是暂息去天台之念，产生前往五台之意。于是改变过去的计划，决定在此山院过冬，俟明年春天巡礼五台山。……

（九月）十二日午时，乌云、雷电、雹雨俱至。五更以后，龙相斗鸣，雹雨交加，闪电耀目，到拂晓才停。早晨出去察看，冰雹积地三四寸厚，其状如雪。老僧们说："自古以来就相传，这山有龙宫。"

祠部　牒
长安章敬寺新罗僧人法清
准请所到处为随缘头陀

牒：悉僧所请状，心在佛道，志乐头陀。欲遍巡名山礼谒；所到之处，拜师学法，修行佛理。兹按乾元元年（公元七五八年）四月十二日敕令，三藏僧般若力为弟子大会等奏请头陀，皈依佛教，敕准修行。头陀所到，勿忘圣典。只是持念劳心，加上旅程风尘，生活无定，在服药饵的时候，须到市肆将息。现欲去诸名山巡礼和寻医问病，怕所经关戍、城门、街铺、村坊、佛堂、山林兰若、州县寺舍等不知其详，请发给旅行证明，并由库检报敕内备案。规定僧尼有行头陀的，所历州县寺舍，给予安置，不得怠慢。僧人法清所请为头陀

修行已核准，特状牒。　此致

　　　　　　　　元和二年二月　日

　　　　　　　　　　　令吏　　潘伦　牒
　　　　　　　　　　　主事　　赵参
　　　　　　　　　　　员外郎　周仲孙

日本国求法僧等　牒致　本寺
僧圆仁、弟子惟正、惟晓、随从丁雄万
请寺代报州县给予随缘头陀身份的游历证明

　　牒：我等久慕佛教，万里来投，心归圣迹，志乐巡礼。听说台山等处，乃佛法教化之根源地，大圣化身处，西天高僧涉险来朝，汉地名德在此得道。我等钦仰不已，偶有良缘，得到圣国。现拟去各处，以遂夙愿。为在路之日顺遂。听说般若三藏曾作为头陀僧请得游行证明，并由敕令准予修行，此乃承先启后。请贵寺照贵国通例，通报州县，请发游行证明。愿纲维弘法之懿行远播海外；玉成此事，有功于佛法。不胜感激之至。特状如上。公验请状如前附。　谨呈

　　　　　　　　开成四年九月二十六日
　　　　　　　　　　日本国延历寺求法僧

原典

……（十一月）十六日，山院起首讲《法花经》，限来年正月十五日为其期，十方众僧及有缘施主皆来会见。就中圣琳和尚是讲经法主①，更有论义②二人：僧顿证、僧常寂。男女道俗同集院里，白日听讲，夜头礼忏听经及次第，僧等其数卌来人也。其讲经礼忏，皆据新罗风俗。但黄昏、寅朝二时礼忏且依唐风，自余并依新罗语音。其集会道俗、老少、尊卑，总是新罗人，但三僧及行者一人，日本国人耳。

十七日，斋前由当院讲起处，遽且出寺往南山法空阇梨院。赤山院纲维驰书请归，不许住南院。更修状请十五日暇，纲维仅许。

廿二日，缘事不稳，归于本院。

赤山院讲经仪式：辰时，打讲经钟，打惊众钟讫。良久之会，大众上堂，方定众钟。讲师上堂，登高座间，大众同音称叹佛名，音曲一依新罗，不似唐音。讲师登座讫，称佛名便停。时有下座一僧作梵，一据唐风，即"云何于此经"等一行偈矣。至"愿佛开微密"句，大众同音唱云"戒香、定香、解脱香"等。

颂梵呗讫，讲师唱经题目，便开题③分别三门。释题目讫，维那师出来于高座前，读申会兴之由及施主别名、所施物色申讫，便以其状转与讲师。讲师把麈尾，一一申举施主名，独自誓愿。誓愿讫，论义者论端举问。举问之间，讲师举麈尾闻问者语，举问了，便倾麈尾，即还举之，谢问便答。帖问帖答，与本国同，但难仪式稍别。侧手三下后，申解白前。卒尔指申难，声如大嗔人，尽音呼诤。讲师蒙难，但答不返难。

论义了，入文读经。讲讫，大众同音长音赞叹，赞叹语中有回向词。讲师下座，一僧唱"处世界如虚空"偈，音势颇似本国。讲师升礼盘④，一僧唱三礼⑤了，讲师大众同音，出堂归房。更有复讲师一人，在高座南下座，便读讲师昨所讲文，至"如含义"句。讲师牒文释义了，复讲亦读。读尽昨所讲文了，讲师即读次文，每日如斯。

新罗一日讲仪式：辰时打钟，长打槌（拟）了，讲师、都讲二人入堂，大众先入列坐。讲师、读师入堂之会，大众同音称叹佛名长引。其讲师登北座，都讲登南座了，赞佛便止。时有下座一僧作梵，"云何于此经"等一行偈也。作梵了，南座唱经题目，所谓唱经长引，音多有屈曲。唱经之会，大众三遍散花；每散花时，各有所颂。唱经了，更短音唱题目。

讲师开经目，三门分别，述经大意。释经题目竟，有维那师披读申事兴所由。其状中具载无常道理、亡者功能、亡逝日数。知登州刺史姓乌名角，时人唤乌使君。有三讳字：明、绮、给也。明日即道来日。青州节度使姓韦，时人唤韦尚书，无讳字也。

新罗诵经仪式，大唐唤作念经⑥。打钟定众了，下座一僧起打槌，唱"一切恭敬敬礼常住三宝"。次一僧作梵，"如来妙色身"等两行偈，音韵共唐一般。作梵之会，一人擎香杯（盆），历行众座之前，急行行便休，大众同音诵《摩诃般若》⑦题数十遍也。有一师陈申诵经来由了，大众同音诵经，或时行经本，或时不行经本。念经了，导师⑧独唱"归依佛、归依法、归依僧"，次称佛菩萨号。导师唱云"南无十二大愿"⑨，大众云"药师琉璃光佛"。导师云"南无药师也"，大众同音云"琉璃光佛"。导师云"南无大慈悲也"，大众同音云"观世音菩萨"。余皆如此（是）。礼佛了，导师独结愿回向，回向之后，导师云"发心"，大众同音亦云"发心"。次导师唱发愿已竟，顶礼三宝。次施主擎施物坐，导师与咒愿⑩，便散去。

廿九日晚头，此新罗院佛堂、经藏点灯供养，别处不点灯。每房灶里烧竹叶及草，从突出烟。黄昏、初夜、后夜、寅朝礼佛。后夜，诸沙弥、小师等巡到诸房拜年，贺年之词依唐风也。

注释

①**法主**：佛经中常称释迦牟尼佛为法主或说法主，意为佛法之主。中国南北朝时有法主一职的僧官，一般只管某一寺院的事务。隋代又有教读经的法主，这里便指的是此意。

②**论义**：佛教术语，指借问答以显扬教义。

③**开题**：佛教术语，指解释经文的题号。

④**礼盘**：为礼佛而升的高座，方三尺高一尺。在须弥坛正面，前面有可放置经卷的经机右磬，左边放置柄香炉之台。

⑤**三礼**：又作三拜，表示三业的敬意而三礼拜，是敬礼之极至。此处是指三宝礼，指僧侣向菩萨行的礼法。

⑥**念经**：佛教术语，思维忆念经意。

⑦**《摩诃般若》**：即《摩诃般若经》，鸠摩罗什译。自来广为念诵。此处是指题目相同的《法华经》。

⑧**导师**：梵语 Nāyaka pramukha 的意译。指为众生指引正路，后来又指法会宣读表愿文者。大导师是法会仪式的最高中心人物。

⑨**南无十二大愿**：指药师如来所发十二祈愿。

⑩**咒愿**：这里是指在接受施物施食时，僧侣为施主诵唱以表示祈愿的偈语。

译文

……（十一月）十六日，赤山院开始讲《法华经》，到次年正月十五日为一期，各方僧众和有缘的施主都会来。其中圣琳和尚是讲经法主，另有论义两人：顿证和常寂。男女僧俗都集中在院里，白天听讲，晚上礼忏听经，如此往复，有僧四十余人。讲经礼忏的仪式，皆依新罗风俗。但黄昏、清晨二时之礼忏还是依大唐风俗，其余都用新罗语音进行。集会的道俗、老少、尊卑，都是新罗人，只有我们三位僧人和随从一人例外，是日本国人。

十七日，斋前，从该院讲起处，暂时离开寺院去南山法空阇梨院。赤山院纲维送信请归，不让住南院。便写状请求给十五天假，纲维勉强同意了。

二十二日，因事不妥，回归本院。

赤山院的讲经仪式：上午八时，打讲经钟，敲惊众钟。不久，大家上堂，又敲定众钟。讲师上堂，到高处座间，大家同音诵叹佛名，音曲全照新罗，不像唐语。讲师登座完毕，诵叹佛名也停止了。这时下座有一僧作梵呗，依大唐例，唱"云何于此经"那一行偈文。到"愿佛开微密"句，大家一起唱"戒香、定香、解脱香"等。

梵呗完后，讲师便唱讲经题目，开题分别三门。题目讲解完后，维那师出来在高座前讲读集会的缘由及施主别名、所施物品的名色等，再将状纸转呈讲师。讲师手持麈尾，一一宣读施主名，并独自发愿。誓愿完，论义便开始。提问时，讲师手执麈尾听问者的话，问话完后，讲师便放下麈尾，又举起来回答论义的提问。随问随答，与日本相同，只是提问的形式稍有不同。侧手三次后，便开始解释前面所说。又有人提问责难，声音大得如同在骂人，那是需要尽量用大声的。讲师被问，只需正面回答不必再纠缠问难。

论义以后，就开始读经。之后，大家齐声长音赞叹，赞叹中有重复回向之词。讲师下高座，有一僧唱"处世界如虚空"偈，声音很像日本的。讲师升座，一僧唱完三礼，讲师与大家一起和音，走出佛堂，各归住处。另外有一位复讲师，坐高座南下座，将讲师日前所讲经文重复一遍，到"如含义"句。讲师讲释后，复讲师也跟着读。等复讲师读完昨天所讲的经文，讲师再接着读讲下文，每天如此。

新罗的一日讲经仪式：上午八时敲钟，长久地打槌完后，讲师、都讲二人进佛堂，大家先进去列队而坐。讲师、读师入堂之际，大家齐声赞叹佛名长引。讲师登上北座，都讲登上南座后，赞佛之声就停止。这时在下座的一位僧人开始作梵呗，唱"云何于此经"等那一行偈文。梵呗完后，南座的都讲便唱经的题目，这就是通常说的唱经长引，声音多悠长深浑。唱经时，大家散花三遍；每次散花时，各有颂赞。唱经完毕，便以较短的声音唱题目。

讲师开经题，分别以三门讲述经文的大意。经题目解释完后，维那师宣读这次讲经的缘由。其中详述无常的道理、亡者生前的善行、亡者死去的时日。知登州刺史姓乌名角，时人称乌使君。讳三字：明、绮、给。"明日"便得说"来日"。青州节度使姓韦，时人称韦尚书，没有讳字。

新罗的诵经仪式，大唐人称念经。敲钟安定众人后，下座的一位僧人开始打槌，唱"一切恭敬敬礼常住三宝"。接着有一僧人作梵呗，唱"如来妙色身"等两行偈文，音调韵律与大唐一样。梵呗之际，一人拿着香杯（盆）经众人前，急速掠过，大家齐声诵《摩诃般若》题数十遍。有一经师开始讲诵经的缘由，大家一起齐声诵经，有时是常行的经文，有时是不常行的经文。念经完后，导师一个人唱"皈依佛、皈依法、皈依僧"，接着便唱佛菩萨的名号。导师唱"南无十二大愿"，大家一起说"药师琉璃光佛"。导师说"南无药师"，大家一起说"琉璃光佛"。导师说"南无大慈悲",大家一起说"观世音菩萨"。其余的都是如此。礼佛完后,导师独自结愿回向,回向后,导师说"发心",大家也一起说"发心"。接着导师唱发愿完后,顶礼膜拜三宝。接着施主拿着施物落座,导师为之咒愿,接着大家散去。

二十九日晚,新罗院佛堂、经藏室点灯供养,别的地方不点灯。每间房子的灶里都烧竹叶和草,由烟突出烟。黄昏、初夜、后夜、黎明时礼佛。后半夜,各位沙弥、小师等轮流到各房去拜年,贺年的话语一依大唐的风俗。

原典

(开成五年)正月十五日,此日山院法花会毕。集会男女,昨日二百五十人,今日二百来人,结愿已后,与集会众授菩萨戒。斋后,皆散去。

赤山法花院常住僧众及沙弥等名:僧昙表、僧谅贤、僧圣林(琳)、僧智真、僧轨范禅门、僧顿证寺主、明信去年典座、惠觉禅门、修惠、法清去年院主、金政上座、真空、法行禅门、忠信禅门、善范、沙弥道真去年直岁、师教、咏贤、信惠住日本国六年、融洛济、师俊、小善、怀亮、智应,尼三人,老婆二人。

日本国求法僧圆仁　牒当院：请游礼诸处，寻师访道。

牒：圆仁幸接仁德，住院稳善。鸿洛高深，难以酬谢。感愧之诚，在物难喻。然以岁阴推迁，春景渐暖，今欲出行巡礼诸处，访寻佛教。伏请处分。牒件状如前。谨牒

开成五年正月十九日
日本国求法僧圆仁牒

（二月）十四日，依新罗僧常寂请，往刘村。到彼便见白石弥勒①像体上着土。问事由，答云："于此有新罗人王宪，夜梦有一僧来语云：'我是文殊师利。古佛堂堕坏积年，无人修葺，佛菩萨埋没土中。见汝信志，故来告报。若欲知实，掘家东南宝图②边，便得见者。'寤且惊怪，以梦中事语诸道俗，遂赴古图边锄掘地，深至胸上，寻得佛菩萨像。今见掘得弥勒佛像一体、文殊师利菩萨③一体、普贤菩萨④一躯、观世音菩萨两躯、大师子菩萨⑤一体、罗睺罗⑥一躯、佛骨铁阁廿斤已上。诸人见之，奇异不少。"夜头礼佛，道俗会集，施舍通夜。……

　　登州都督府　文登县牒
日本国客僧圆仁等肆人　　僧圆仁，弟子僧惟正、惟晓，行者丁雄万并随身衣钵等

牒：检案内得前件僧状，去开成四年六月，因随本国朝贡使船到文登县青宁乡赤山新罗院寄住，今蒙放任东西。今欲往诸处巡礼，恐所在州县、关津、口铺、路次不练行由，伏乞赐公验为凭，请处分者。依检前客僧未有准状给公验，请处分者。准前状，给公验为凭者。谨牒

开成五年二月廿三日

典　王佐　牒

主簿判尉胡君直

廿四日，早朝，得县公（验），牒文如别。所由李明才勾当公验毕，归张押衙所。

廿八日，庐山寺设登州刺史乌君斋。当寺僧二人：寺主僧一行、直岁僧常表，日本三僧，都有五人。村人廿有余，各于自宅，悉力所办，修理饭食擎将来。寺主僧一行表叹，村人于堂前同斋。各自所将饭食各自吃，不分与人；各割自食分以供僧也。

后发，西北行十五里，路边有王府君墓，石上镌志，久经岁月，志石倒地。傍北海浦行廿余里，到壹村法云寺宿。知馆人了事。台馆本是佛寺，向后为馆，时人唤之为仵台馆。馆前有二塔：一高二丈，五层，镌石构作；一高一丈，铸铁作之，有七层。其碑文云："王行则者，奉敕征伐东蕃（藩）没落，同船一百余人俱被

贼擒，送之倭国。一身逃窜，有遇还归。麟德二年九月十五日，造此宝塔。"云云。

注释

①**弥勒**：梵文 Maitreya 的音译，意为慈氏。据佛教传说，是将继承释迦佛位，为未来佛（当佛）的菩萨。由《弥勒上生经》和《弥勒下生经》等的记载可知：弥勒原出生于婆罗门家庭，后为佛弟子，先佛入灭，上生于兜率天内院，经四千岁（据称相当于人间五十六亿七千万岁）下生人间，于华林园龙华树下成佛，广传佛法。在密教胎藏界的弥勒坐于中台八叶院东北方的莲上，金刚界的弥勒在贤劫十六尊中坐于东方，羯摩会三十七尊中的西方金刚因菩萨，即为此尊之本誓。中国一些寺庙里供奉的笑口常开的胖弥勒像，是五代时名为契此的和尚，因传说是弥勒的化身，故后人塑像作为弥勒供奉。

②**宝图**：浮图的讹略。浮图为梵文 Buddhastūpa 的讹略（音译佛陀窣堵波，故又称窣堵波），即佛塔之意。又浮图，亦作浮屠、佛图，是梵文 Buddha 的音译，与佛陀同，即佛。本处当指佛塔。

③**文殊师利菩萨**：文殊师利是梵文 Mañjuśrī 的音译，略称文殊，又译作曼殊室利，意为妙德、妙吉祥

等。为中国佛教四大菩萨之一。相传其显灵说法的道场在山西五台山。文殊为释迦牟尼佛的左胁侍，专司智慧，常与司理德的右胁侍普贤并称。文殊有种种差别，一字文殊、五字文殊、六字文殊、八字文殊；一髻文殊、五髻文殊、八髻文殊、儿文殊等，以五字五髻文殊为本体。此菩萨顶结五髻，以表大日之五智，手持剑，以表智慧之利剑，驾狮子以表智慧之威猛。

④**普贤菩萨**：普贤是梵文 Samantabhadra 的意译，音译三曼多跋陀罗，亦译遍吉。中国佛教四大菩萨之一，相传其显灵说法的道场在四川峨眉山。普贤是释迦牟尼佛的右胁侍，专司理德，与司智慧的左胁侍文殊并称（文殊驾狮子侍佛之左方，普贤乘白象侍佛之右方）。其塑像多骑白象。密教普贤有二体：一为大日内眷属中之上首，是与显教的普贤菩萨同体；一为大日内眷属之上首金刚菩萨。

⑤**大师子菩萨**：师子又作狮子，梵语枲伽 Sīṁha，又曰僧伽彼。兽中之王，经中以譬佛之勇猛。六观音中的马头观音，又称狮子无畏观音。为畜生道之教主，是无量寿的愤怒身，以观音为自性身，以马头置于头顶。

⑥**罗睺罗**：又作罗吼罗，梵文是 Rāhula，意为覆障、障月、执月、罗天。为释迦牟尼佛十大弟子之一。

系释迦出家前之子（王妃耶输陀罗生）。释迦成道归乡时跟随出家当沙弥，为佛教有沙弥之始。"不毁禁戒、诵读不懈"，被称为密行第一。

译文

　　〔开成五年（公元八四〇年）〕正月十五日，这天，赤山院的法华讲经集会结束。参加集会的男女，昨天二百五十人，今天二百多人，结愿以后，给集会众人授菩萨戒。斋后，大家都散去。

　　在赤山法华院常住的僧人和沙弥的名单如下：僧昙表、僧谅贤、僧圣林（琳）、僧智真、僧轨范（禅门）、僧顿证（寺主）、明信（去年典座）、惠觉（禅门）、修惠、法清（去年院主）、金政（上座）、真空、法行（禅门）、忠信（禅门）、善范、沙弥道真（去年直岁）、师教、咏贤、信惠（住日本六年）、融洛（济）、师俊、小善、怀亮、智应，比丘尼三人，老婆二人。

日本国僧圆仁牒　本院
　　请求巡礼各处，寻师访道。
牒：圆仁有幸与大德结缘，长住本院。此情似江似海，难以报答。感激之至，难以言表。岁月渐迁，春日渐暖，现拟出发去各处巡礼，访寻佛教。请予定夺。特狀

如前。　此致

　　　开成五年（公元八四〇年）正月十九日

　　　　　　　　　日本国求法僧圆仁谨拜

　　（二月）十四日，应新罗僧常寂之邀去刘村。在那里看到白石的弥勒像，像身上还有土。询问由来，人们告诉说："此地有新罗人王宪，夜里梦见有一僧人来告诉他说：'我是文殊师利。因老佛堂颓败有年，没人修葺，佛菩萨都被泥土埋没了。我看你虔诚忠信，所以特地来告诉你。你如要知道实况，就到你家东南的那座宝塔边去挖，一定能看到的。'王氏醒后特别惊讶，便将梦中之事告诉村人，并马上到宝塔边去挖掘，刚挖到没胸处，便现出了佛菩萨像。现已挖得弥勒佛像、文殊师利菩萨像、普贤菩萨像各一尊，观世音菩萨像两尊、大狮子菩萨像一尊、罗睺罗像一尊、盛佛骨的铁阁二十斤以上。大家见了，十分惊异。"当夜礼佛，道俗集会，彻夜施舍。……

　　登州都督府　　致文登县

日本国客僧圆仁等四人　　僧圆仁，弟子僧惟正、惟晓，随从丁雄万等随身携衣钵等

　　公文：查前述僧等，开成四年（公元八三九年）六月随本国朝贡使船到文登县青宁乡赤山新罗院寄住，现

允自由行动。今想巡礼诸圣地，怕所经州县、关津、口铺、路途不知巡游缘由，乞请发放游行证明（公验）为据，请办理。勘该僧等并无公验，请考虑发放。现允予以公验为行旅之据。谨牒

开成五年（公元八四〇年）二月二十三日

典王佐　牒

主簿判尉　胡君直

二十四日早晨，收到县里的回复，公文另录。差役李明才办完公验事宜，就回了张押衙办公处。

二十八日，庐山寺为登州刺史乌君设斋。本寺僧二人：寺主僧一行、直岁僧常表，日本僧三人，共五人。村人二十多位各自从自己家里带来饭食。寺主僧一行表叹，村人在堂前共进斋食。各自吃带来的饭食，不分给别人；各自将所带饭食分出来供奉僧人。

斋后出发，往西北走十五里，在路旁有王府君墓，有石刻墓志，因年代长久，墓志倒扑在地。沿北海浦走二十多里，到壹村法云寺住宿。知馆人主仵台馆事。仵台馆原是佛寺，后面是馆，时人称为仵台馆。在馆前有两座塔，一座高二丈，五层，石垒而成；一座高一丈，铸铁造成，共七层。碑文上说，"王行则，奉敕令远征东藩而失败，同船一百多人均为贼所擒，送往倭国。君只身逃脱，侥幸而归。麟德二年（公元六六五年）九月十五日造此宝塔。"云云。

原典

（三月）七日，王押衙宅里斋。此开元寺佛殿西廊外，僧伽和尚堂内北壁上，画西方净土①及补陀落净土②，是日本国使之愿。即于壁上书着缘起，皆悉没却，但见日本国三字。于佛像左右书着愿主名，尽是日本国人。官位姓名：录事正六位上建必感，录事正六位上羽丰翔、杂使从八位下秦育、杂使从八位下白牛养。诸吏从六位下秦海鱼、使下从六下行散位欠两字度，僚人从七位下建雄贞、僚人从八位下纪朝臣贞欠字。寻问，无人说其本由，不知何年朝贡使到此州下。……

廿五日，为请公验，更修状进尚书：

日本国求法僧圆仁

右圆仁等归心圣迹，涉海访寻。欲往台山，经夏修进（道）；后游诸方，寻师求法。恐路远时热，不遂本愿。先有州牒，具申事由。伏望尚书仁造，特赐公验，希遂愚诚，早迈前路。伏请处分。

开成五年三月廿五日

日本国求法僧圆仁状上

从登州文登县至此青州，三四年来蝗虫灾起，吃却五谷，官私饥穷。登州界专吃橡子为饭。客僧等经此险处，粮食难得。粟米一斗八十文，粳米一斗一百文。无粮可吃，便修状，进节度副使张员外乞粳食。

日本国求法僧圆仁　请施斋粮

右圆仁等远辞本国，访寻释教。为请公验，未有东西，到处为家，饥情难忍。缘言音别，不能专乞。伏望仁恩舍香积之余供，赐异蕃之贫僧。先赐一中，今更恼乱，伏深悚愧。谨遣弟子惟正状。谨疏

开成五年三月廿五日

日本国求法僧圆仁状上

员外<small>阁下谨空</small>员外施给粳米三斗、面三斗、粟米三斗。便修状谢。

日本国僧圆仁谨谢

员外仁造，给米面，不胜感戴。难以销谢，下情不任感愧之诚。谨奉状陈谢。不宣。谨状

开成五年三月廿五日

日本国求法僧圆仁状上

……（四月）六日早朝，主人施粥，又差一人相送指路。正西入谷，行过高岭，向西下坂，方得到醴泉寺果园。吃茶。向南更行二里，到醴泉寺断中。斋后巡礼寺院，礼拜志公和尚③影，在琉璃殿内安置。户柱阶砌皆用碧石构作，宝幡奇彩，尽世珍奇，铺列殿里。志公

和尚是十一面菩萨④之化身。其本缘镌着碑上："和尚朱代（氏），金城人也。降灵于此长白山灭度，其后肉身不知所向，但作影像，举国敬重。"

堂西谷边有醴泉井，向前泉涌，香气甘味。有吃之者除病增寿，尔来名为醴泉寺。和尚灭后，泉水涸尽，但空井。如今泉井之上建一小堂，更作和尚影。影前堂内有石井，深五尺余，今见无水也。寺之南峰名为龙台，独出群岫。地图所载，曾有龙舞其巅，以此奏闻，奉敕改名龙台寺。后因泉涌，改名醴泉寺。东、西、南方嵩峰连塞，北方开豁无山阜矣。寺舍破落，不多净吃。圣迹陵夷，无人修治。寺庄园十五所，于今不少。僧徒本有百来僧，如今随缘散去。现住寺者，三十向上也。典座僧引向新罗院安置。……

廿三日早朝，吃粥。向西北行廿五里，到黄山八会寺断中，吃黍饭。时人称之为上房普通院。长有饭粥，不论僧俗，来集便僧宿，有饭即与，无饭不与。不妨僧俗赴宿，故曰普通院。院中有两僧，一人心开，一人心郁。有一黄毛狗，见俗嗔咬，不惮杖打；见僧人，不论主客，振尾猥驯。斋后，向西北入山寻谷行，时人唤之为国信山。

从上房行得廿里，到刘使普通院宿。便遇五台山金阁寺僧义深等往深州求油归山，五十头驴驮油麻油去，又见从天台国清寺僧巨坚等四人向五台。语云："天台国清寺日本国僧一人、弟子沙弥一人、行者一人。今见在彼中住。"云云。……

廿八日，入平谷西行卅里，巳时到停点普通院。未入院中，向西北望见中台，伏地礼拜，此即文殊师利境地。五顶之圆高，不见树木，状如覆铜盆，望遥之会，不觉流泪。树木异花不同别处，奇境特深。此即清凉山金色世界，文殊师利现在利化。便入停点普通院，礼拜文殊师利菩萨像。因见西亭壁上题云："日本国内供奉翻经大德灵仙，元和十五年九月十五日到此兰若。"云云。院中僧等见日本国僧来，奇异，示以壁上之题，故记着之。

午时，食堂里斋。斋后，见有数十僧游南台去。暮际，雷鸣雨下。自廿三日申时入山，至于今日，入山谷行都经六日，未尽山源，得到五台，自去二月十九日离赤山院直至此间，行二千三百余里。除却虚日，在路行正得卅四日也。惭愧，在路并无病累。

注释

①**西方净土**：即西方极乐世界，教主是阿弥陀佛，以念佛为主要修行方法。

②**补陀落净土**：补陀落是补陀落迦 Potalaka 的略称，又作补陀落伽、逋多、逋多罗、补怛洛迦、布呾落

迦等，意为光明山、海岛山、小花树山等。在印度之南海岸，是观音之住处。其山形为八角。之所以称光明山，是说其山树花常有光明，表大悲光明普门示现。

③**志公和尚**：即宝志和尚（公元四二五—五一四年），通作保志，南朝齐梁时人，俗姓朱，金城（今甘肃兰州）人。出家师事僧俭，修习禅业。传说在南朝宋太初元年（公元四五三年）以后，言行神异，"时或赋诗，言如谶记"。齐武帝、梁武帝和王侯、士庶视为神僧，以为菩萨化身而崇信之。唐初编纂《南史》时，更将其神秘化为十一面观音的化身。

④**十一面菩萨**：六观音之一，因具有十一个颜面而得名，依三部经轨，其影像有三种。耶舍崛多译《十一面经》记载该观音像用白旃檀制，身长一尺三寸，作十一面，当前三面作菩萨面，左边三面作嗔面，右边三面似菩萨面。狗牙上出，后有一面作大笑，顶上一面作佛面，悉向前后着光，十一面各戴华冠。华冠中各有阿弥陀佛。观世音左手把净瓶，瓶口出莲花，右手以串璎珞施无畏手。

译文

（三月）七日，到登州王押衙家进午斋。这里开元寺佛殿的西走廊外，僧伽和尚堂内的北墙上画有西方净土及补陀落净土，这是日本国使发愿而作的。在墙壁上还写着发愿的缘由，只见到"日本国"三字，其余均已漫漶。在佛像左右写着愿主的名字，都是日本国人的官位姓名：录事正六位上建必感，录事正六位上羽丰翔、杂使从八位下秦育、杂使从八位下白牛养。诸吏从六位下秦海鱼、使下从六下行散位□□度、随从佐吏从七位下连雄贞、随从佐吏从八位下纪朝臣贞……找人相问，没有人能说出所以然来，不知哪年日本朝贡使曾到过此州。……

二十五日，为请得旅行证明，修书呈尚书：

日本国求法僧圆仁

圆仁等心归神往圣迹，跨海来访。拟往五台山，过夏修学；再巡游诸圣地，寻师求法。怕路遥艰难，本愿成空。此前已陈牒州里，详说理由。恳请尚书仁爱，赐与公验，以遂微愿，早日启程。请处。

开成五年三月二十五日

日本国求法僧圆仁谨上

从登州文登县到青州，最近三四年来蝗虫成灾，吃完五谷，官民饥贫。登州境内以吃橡子当饭。客僧途经此赤贫区域，难得化缘粮食。粟米一斗要八十文、粳米一斗要一百文。无粮可吃，就写状向节度副使张员外乞粮。

日本国求法僧圆仁　请施斋粮

　　圆仁等远离本国来此寻访佛教。为求公验，不分地方，四处为家，饥疲难忍。因为言语不通，也不能乞讨。望开恩施舍香积的余供，赐予异国的贫穷僧人。前赐一中，今更恼乱，深以为歉。特派弟子惟正奉状。谨呈
　　　　开成五年（公元八四〇年）三月二十五日
　　　　　　　　　　　　　　日本国求法僧圆仁谨上

员外（阁下谨空）员外施粳米三斗、面三斗、粟米三斗。又写状感谢。

日本国求法僧圆仁谨谢

　　员外仁德善举，施与米面，实不胜感激。难以表达这份感谢，圆仁既感恩又惭愧，谨奉状呈谢。
　　　　　　开成五年三月二十五日
　　　　　　　　　　　　　　日本国求法僧圆仁谨上

　　……（四月）六日早晨，房东施粥，并派一人送行指路。往正西走进山谷，翻过高岭，再向西下坡，才到醴泉寺的果园吃茶。再往南走二里，在醴泉寺用午斋。斋后巡礼寺院，礼拜放在琉璃殿中的宝志和尚像，殿门柱、阶梯都用青石垒砌，宝幡奇彩，都是世间的珍奇异宝，铺陈殿中。志公是十一面菩萨的化身。其本缘镌于碑上，云："和尚俗姓朱，金城（今甘肃兰州）人。在

此长白山（在今山东章丘辖内）降灵灭度，此后肉身不知去向，便作影像，举国加以敬重。"

殿堂西面的山谷里有醴泉井一口，原有涌泉，香气甘醇。饮之祛病益寿，故名醴泉寺。宝公寂灭后，醴泉涸尽，仅留空井。现在井上建了一个小堂，其中又作了一幅宝公和尚的像。在像前的堂中有一石井，深五尺多，现无水。寺的南峰称龙台，独出群峰。据地图所载，曾有龙在其山巅飞舞，以此上奏，敕命改为龙台寺。后因为泉涌，改称醴泉寺。东、西、南三面群峰叠翠，北面无山十分开阔。寺舍破落，一片狼藉。圣迹陵夷，无人修葺。寺有庄园十五处，现存不少。僧徒原有一百来人，现随缘散去，眼下住寺的大约三十多人。典座僧引客僧到新罗院歇脚。……

二十三日早晨，吃粥，往西北走二十五里到黄山（今河北曲阳辖内）八会寺午斋，吃小米饭。时人称为上房普通院。常有饭粥，不论僧俗人等，来了就可以住宿，有饭便吃，无饭就不供应。僧俗共居，所以叫普通院。院中有两位僧人，一个开朗，一个忧郁。有一只黄毛狗，见了俗人狂吠不止，又叫又咬，不怕杖打；见了僧人，不管主人客人，摇头摆尾，甚是驯服。斋后，由西北方进山，沿山谷走，当时人称此山为国信山。

从上房普通院走二十里到刘使普通院住宿。碰到五台山金阁寺僧人义深等从深州（今属河北省）募得胡麻油回山去，有五十头驴子驮着胡麻油去了。又见天台国清寺僧人巨坚等四人正向五台山走去。告诉说："天台国清寺来了日本僧一人，弟子沙弥一人，随从一人，现在还住在那儿呢。"……

二十八日，进入平谷往西走三十里，上午十一时到停留点的普通院。还没进院，往西北眺望便可看见中台，伏地礼拜，那就是文殊师利的胜境了。五顶圆且高，看不到树木，就像倒扣的铜盆，遥望之际，不觉潸然泪下。此地的树木异花与别处迥异，奇境特别有映像。这就是清凉山的金色世界，都是文殊师利化现之法。到停留点的普通院礼拜文殊师利菩萨像。看到西亭的墙壁上题有："日本国内供奉翻译经大德灵仙，元和十五年（公元八二〇年）九月十五日到本兰若。"院中的僧人因见日本僧人来了感到稀奇，便将壁上的题字指给我们看，所以记了下来。

午时在食堂进斋。斋后，见有数十僧人去巡游南台。黄昏时分，雷雨交加，自二十三日下午三时到五时进山以来到今天，已在山谷走了六天，还是不见山的尽处，到得五台山，自去年二月十九日离开赤山院到这里，共走二千三百余里。除去休息，在路上走了四十四天。一路上并没有生病累倒，惭愧惭愧！……

原典

五月一日，天晴。拟巡台去，所将驴一头，寄在停点院，嘱院主僧勾当草料，从停点西行十七里，向北过高岭十五里，行到竹林寺断中[1]。斋后，巡礼寺舍，有般舟道场[2]，曾有法照和尚[3]于此堂念佛，有敕谥为大悟和尚。迁化来二年[4]，今造影安置堂里。又画佛陀波利[5]仪凤元年来到台山见老人时之影。花严院堂中有金刚界曼荼罗一铺。

二日，入贞元戒律院。上楼礼国家功德[6]七十二贤圣，诸尊曼荼罗，彩画精妙。次开万圣戒坛，以玉石作，高三尺，八角，底筑填香泥，坛上敷一丝毯，阔狭与坛齐。栋梁橼柱，妆画微妙。谒押坛老宿法讳[7]灵觉，生年一百岁，七十二夏，貌骨非凡，是登坛大德。见客殷勤，见说：去年六月，中天竺那兰陀寺僧三人来游五台，见五色云、圆光、摄身光[8]，归天竺去。竹林寺有六院：律院、库院、花严院、法花院、阁院、佛殿院。一寺都有四十来僧。此寺不属五台。

五月五日，寺中有七百五十僧斋，诸寺同设，并是齐州灵岩寺供主所设。

竹林寺斋礼佛式：午时打钟，众僧入堂。大僧、沙弥、俗人、童子、女人，依次列座了。表叹师打槌，唱

"一切恭敬礼常住三宝,一切普念"。次寺中后生僧二人手把金莲,打蠡钹,三四人同音作梵。供主行香,不论僧俗男女,行香尽遍了。表叹先读施主设供香,次表赞了,便唱"一切普念"。大僧同音唱"摩诃般若波罗蜜"。次唱佛菩萨名,大众学词,同礼释迦牟尼佛、弥勒尊佛、文殊师利菩萨、大圣普贤菩萨、一万菩萨[9]、地藏菩萨[10]、一切菩萨摩诃萨[11]。为廿八天、(帝)释、梵王[12]等敬礼常住三宝,为圣化无穷敬礼常住三宝。为今日供主众善庄严敬礼常住三宝,为师僧父母、法界众生敬礼常住三宝。打槌唱云"施食咒愿"。上座僧咒愿[13]了,行饭食。上下老少、道俗男女平等供养也。

众僧等吃斋了,行水汤口,次打槌念佛。表叹师打槌云:"为今日施主善庄严及法界众生,念'摩诃般若波罗蜜多'。"大众同音念释迦牟尼佛、弥勒尊佛、大圣文殊师利菩萨、一万菩萨、一切菩萨摩诃萨_{如次学词同念}。念佛了,打槌随意,大众散去。暮际,雷鸣雹雨。阁院铺严道场,供养七十二贤圣。院主僧常钦有书巡报诸院知,同请日本僧。便赴请入道场,看礼念法事。

堂中傍壁次第安列七十二贤圣画像。宝幡宝珠,尽世妙彩,张施铺列。杂色毡毯,敷洽地上。花灯、名香、茶、药食供养贤圣。黄昏之后,大僧集会。一僧登礼座,先打蠡钹,次说法事之兴由。——唱举供主名及施物色，为施主念佛菩萨。次奉请七十二贤圣，一一称名，每称名竟，皆唱"唯愿慈悲，哀愍我等，降临道场，受我供养"之言。立礼七十二遍，方始下座。

更有法师登座，表叹念佛，劝请诸佛菩萨云："一心奉请大师释迦牟尼佛，一心奉请当来下生弥勒尊佛，十二上愿药师琉璃光佛、大圣文殊师利菩萨、大圣普贤菩萨、一万菩萨。"首皆云："一心奉请"，次同音唱散花供养之文，音曲数般。次有尼法师，又表叹等，一如僧法师。次僧法师与诸僧同音唱赞了，便打蠡钹，同音念阿弥陀佛便休。次尼众赞（替）僧亦如前。如是相替赞叹佛，直到半夜，事毕，俱出道场归散。其奉请及赞文，写取在别。

注释

①**断中：**午斋。

②**般舟道场：**为法照所建的行般舟三昧的道场。般舟三昧，梵文 Pratyutpanna-samādhi 音译之略，佛教禅定的一种，亦称佛立三昧。般舟意为出现、佛立。谓修此禅定，十方诸佛就会出现眼前。"如明眼人清夜观星，见十方佛亦如是多。"东汉支谶在所译《般舟三昧经》中说：如一昼夜乃至七天七夜一心念佛，就可见佛立面前。天台宗智𫖮据此立常行三昧修持方法，以三月

为一期，一心常念阿弥陀佛，绕佛像常行不停，据称死后便当生阿弥陀佛国。法照所行，当为智者大师所立三昧法。

③**法照和尚**：（？—公元八二一年），唐净土宗僧人。籍贯不详，大历二年（公元七六七年）住衡州（今湖南衡阳）云峰寺，以专修念佛法门著称。后至五台山，谓曾见到文殊、普贤等，并勉其专修念佛法门，"命终之后，决定往生"。遂与众僧五十余人，共修念阿弥陀佛，以期往生净土。

④**二年**：《池本》作"二百年"，然"二"字下，《东本》旁注"百欤"。今按《宋高僧传》卷廿一，法照为大历年中在五台山，因此"二年"恐为"二十年"之笔误。

⑤**佛陀波利**：梵文 Buddhapāli（ta），意译觉护，北印度罽宾国人。闻五台山之灵验盛名，于仪凤元年（公元六七六年）来朝，事详见下文述。

⑥**功德**：梵文 Guṇa 的译名，功指做善事，德指得福报。一般指念佛、诵经、布施等，因此可得善的果报。国家功德即朝廷所修功德。

⑦**法讳**：法名，僧人出家后的名字。

⑧**五色云、圆光、摄身光**：都是五台山的诸灵异。

⑨**一万菩萨**：这里是指文殊菩萨的眷属。

⑩**地藏菩萨**：梵文 Kṣitigarbha 的意译，音译乞叉底蘗波。佛教菩萨名。因其安存不动如大地，静虑深密如地藏，故名。其受释迦牟尼佛嘱咐，在释迦既灭，弥勒未生之前，自誓必尽度六道众生，拯救诸苦，始愿成佛。中国佛教四大菩萨之一，相传其显灵说法的道场在安徽九华山。据载，地藏菩萨降诞为新罗国王族，姓金名乔觉，出家后于中国唐玄宗时来中国入九华山，居数十年圆寂，肉身不坏，以全身入塔。九华山之月（肉）身殿，相传即为地藏成道处。

⑪**一切菩萨摩诃萨**：指摩诃萨埵（Mahā-sattva）、菩提萨埵（Bodhi-sattva），是行修各种智慧的如来菩萨的总称。

⑫**廿八天、（帝）释、梵王**：二十八天即欲界之六天、色界之十八天及无色界之四天。梵天（Mahā-brahman）是古代印度信仰中万神根源的护法神。后成为佛教中的国土守护神。帝释是印度神话中的神，与梵天同为佛教的守护神。

⑬**咒愿**：唱法语愿求施主或先亡福利，名为咒愿。有食时咒愿与法会咒愿二种。如细说，则修菩萨行者凡一举一动都应咒愿。

译文

五月一日，晴。准备巡礼五台，所带的一头驴寄放在停点院，拜托院主僧照料。由停点院往西走十七里，再往北翻过高岭走十五里，在竹林寺用午斋。斋后，巡礼寺舍。此地有般舟道场，法照和尚曾经在此堂行念佛三昧，后被敕谥为大悟和尚。迁走并且坐化已有二十年，现在有做好的影像放在堂里。还画有佛陀波利于仪凤元年（公元六七六年）到五台时见老人的像。华严院佛堂中有金刚界曼荼罗一幅。

二日，到贞元戒律院，上楼礼拜国家功德七十二贤圣，各尊曼荼罗像，画得极精致巧妙。接着又到万圣戒坛，坛是用玉石制作的，高三尺，呈八角形，底座填有香泥，坛上敷了一条丝毯，宽窄与坛面相等。栋梁椽柱，装饰得极精致。拜见押坛老僧灵觉，生年一百岁，七十二夏，貌骨非凡，是登坛大德。待客热情，告诉说去年六月，有中天竺那烂陀寺僧三人来游五台，见到了五色云、圆光、摄身光，后归天竺。竹林寺共有六院：律院、库院、华严院、法华院、阁院、佛殿院等。每寺都有四十多位僧人。该寺不属五台山管辖。

五月五日，寺中开设七百五十僧斋，各寺均设，为齐州灵岩寺供主所施设。

竹林寺斋会的礼佛仪式：中午十二点敲钟，诸僧入堂，大僧、沙弥、俗人、童子、信女，依次列座完毕。表叹师打槌，诵唱"一切恭敬礼常住三宝，一切普念"。接着，寺中两名年轻僧人手持金莲，敲蠡钹，三四人一起作梵呗。供主开始行香，不问僧俗男女，行香遍尽。表叹师先读施主设供香的缘由，接着表赞，完后便诵唱"一切普念"。大僧一起唱"摩诃般若波罗蜜"。接着又唱佛菩萨圣号，大家跟随着礼赞释迦牟尼佛、弥勒尊佛、文殊师利菩萨、大圣普贤菩萨、一万菩萨、地藏菩萨、一切菩萨摩诃萨。为二十八天、帝释、梵王等敬礼常住三宝，为圣化无穷敬礼常住三宝。为今天供主的功德庄严敬礼常住三宝，为师僧父母、法界众生敬礼常住三宝。僧人们打槌诵唱"施食咒愿"。上座僧咒愿后，开始布施饭食。上下老少、道俗男女都平等施与。

众僧等吃斋后，便行漱口，接着便打槌念佛。表叹师打槌说道："为今天的施主的功德庄严和法界众生念'摩诃般若波罗蜜多'。"大家一起念诵释迦牟尼佛、弥勒尊佛、大圣文殊师利菩萨、一万菩萨、一切菩萨摩诃萨。念佛完后，打槌随意，大家散去。黄昏时，雷鸣雹雨。阁院铺设庄严道场，供养七十二贤圣。院主僧书巡告知诸院知晓，并邀请日本僧观礼。我等应邀进道场，观礼法事。

堂中墙壁依次陈列七十二贤圣画像。宝幡宝珠，铺张陈列的都是稀世珍品。杂色的毡毯铺在地上。花灯、名香、茶、药食供养于贤圣像前。黄昏后，大僧集会，一僧登上礼座，便开始敲鑐钹，接着讲法事的缘由。一一唱说供主名字及所施物品，为施主念佛菩萨。接着一一称名请七十二贤圣，说到一名，都唱诵"唯愿慈悲，哀悯我等，降临道场，受我供养"等话。遍礼七十二贤圣后，才下座。

　　又有法师登座，表叹念佛，劝请各菩萨说："一心奉请大师释迦牟尼佛，一心奉请当来下生的弥勒尊佛，十二上愿的药师琉璃光佛、大圣文殊师利菩萨、大圣普贤菩萨、一万菩萨。"开头都先唱"一心奉请"，接着齐唱"散花供养文"，曲调有几种。接着是尼法师及表叹等，其程式一如僧法师。接着是僧法师和诸僧同声唱赞呗，完后便敲鑐钹，齐念"阿弥陀佛"便完。接着是尼众代僧唱赞，也与前面一样。这样相互交替礼赞佛圣，一直到半夜圆满结束后，一起离开道场散去。奉请之词和赞文已另外记下。

原典

　　十四日夜，惟正、惟晓共数十远来沙弥，于白玉坛受具足戒[①]。

十六日，早朝，出竹林寺，寻谷东行十里，向东北行十里，到大花严寺，入库院住。斋后，入涅槃院见贤座主。弥（于）高阁殿里讲《摩诃止观》，有四十余僧列坐听讲。便见天台座主志远和尚在讲筵听《止观》。堂内庄严，精妙难名。座主云："讲第四卷（欲）毕。"待下讲，到志远和尚房礼拜。和尚慰问殷勤。法坚座主从西京新来，文鉴座主久住此山，及听讲众四十余人，并是天台宗。同集相慰，喜遇讲庭（筵）。

志远和尚自说云："日本国最澄三藏贞元廿年入天台求法，台州刺史陆公自出纸墨及书手，写数百卷与澄三藏。三藏得疏却归本国。"云云。便问日本天台兴隆之事。粗陈南岳大师生日本[②]之事，大众欢喜不少。远座主听说南岳大师生日本弘法之事极喜。

大花严寺十五院僧，皆以远座主为其首（主）座。不受施利，日唯一餐，六时礼忏不阙，常修法花三昧，一心三观，为其心腑，寺内老僧宿尽致敬重。吃茶之后，入涅槃道场，礼拜涅槃相：于双林树下右胁而卧，一丈六尺之容，摩耶[③]闷绝倒地之像，四王八部、龙神及诸圣众，或举手悲哭之形，或闭目观念之貌，尽经所说之事，皆模为像也。

次入般若院礼拜文鉴座主，天台宗，曾讲《止观》数遍，兼画天台大师影，长供养。语话慰问甚殷勤。更见大鞋和尚影,曾在此山修行,巡五台五十遍,于中台顶冬夏不下,住三年也。遂得大圣加被,着得大鞋。鞋高一尺,长一尺五寸。大一量廿五斤,小一量十斤,现着影前。和尚曾作一万五千具衣帔,施与万五千僧,设七万五千供。今作影于高阁上安置供养。

此清凉山五月之夜极寒,寻常着棉袄子。岭上谷里,树木端长,无一曲戾之木。入大圣境地之时,见极贱之人亦不敢作轻蔑之心;若逢驴畜,亦起疑心,恐是文殊化现欤。举目所见皆起文殊所化之想,圣灵之地,使人自然对境起崇重之心也。

注释

①**具足戒**:梵文 Upasaṃpanna 的意译,别称大戒。指佛教比丘和比丘尼戒律。因与沙弥、沙弥尼所受十戒相比,戒品具足,故称。戒条数目说法不一。中国僧尼隋唐以后都依《四分律》受戒,比丘戒二百五十条,比丘尼戒三百四十八条。出家人依戒法规定受持此戒,即取得正式僧尼的资格。《四分律》还规定不满二十者不授具足戒,原因是年龄幼小,不堪忍寒热饥渴、风雨蚊虻毒虫,及不忍恶言;如身有种种苦痛不堪忍,又不堪持戒及一食。

②**南岳大师生日本**:相传日本圣德太子是南岳大师

慧思的转生。

③**摩耶**：即摩耶夫人 Mahāmāyā，全称摩诃摩耶，旧译摩诃摩邪，意为大幻化、大术。相传是释迦牟尼的生母。是天臂（Devadaha）之女，迦毗罗卫国净饭王的王后。

译文

十四日晚上，惟正、惟晓和数十名从远地来的沙弥在白玉坛受具足戒。

十六日早晨，出竹林寺，沿山谷向东走了十里，再往东北方向走十里到大华严寺，到库院住宿。斋后，去涅槃院拜见法坚座主。座主正在高阁殿里讲《摩诃止观》，有四十多位僧人列坐听讲。天台座主志远和尚当时正在讲筵听讲《止观》。堂中庄严，精妙难以言述。法坚座主说："第四卷就要讲完了。"等讲完后，到志远和尚房中礼拜。和尚极其热情。法坚和尚刚从西京来，文鉴座主已久住本山，听讲的四十多位僧人都是天台宗信徒。大家共同集会相互问候，为有缘相遇讲筵而高兴。

志远和尚说："日本最澄三藏贞元二十年到天台山求法，台州刺史陆公自己备纸张笔墨和雇抄经手，抄写数百卷经赠予最澄三藏。最澄三藏携经疏（及陆公所发印信）回日本国。"志远和尚还问到日本天台宗的兴隆情况。约略讲了南岳大师慧思转生日本的事情，大家听了都很高兴。志远座主听了南岳大师转生日本弘传佛教之事十分高兴。

大华严寺有十五院僧（一作十二院，从十二院说），均尊志远座主为首座。志远座主不受施利，戒行清高，每天只吃一餐，坚持六时礼忏从不间断，又常修法华三昧，一心三观，功力之深，深入心腑。志远和尚志超物外，故为全台诸寺内的老僧、诸僧所敬重。吃茶后，到涅槃道场，礼拜释迦涅槃相——在双林树下右胁而卧，一丈六尺的容貌，摩耶夫人闷绝倒地的像，四王八部、天人龙神及诸圣像，有的举手悲哭，有的闭目观想，所有经书上说的事情，都塑成了圣像。

又到般若院拜见文鉴座主，座主亦是天台宗，曾讲《止观》好几遍，并且画了天台大师智颉的像长期供养。谈话极热情关切。还看到了大鞋和尚的像，大鞋和尚曾在此山修行，巡礼五台五十遍，在中台顶上冬夏住了三年都没下来过，终为大圣加被，得到大鞋。鞋高一尺，长一尺五寸，大的二十五斤，小的十斤，现在在影前。和尚曾做了一万五千具衣袯，施与一万五千位僧人，设七万五千供。现在像安置在高阁上供信众供养。

清凉山五月的夜晚仍很寒冷，一般都得穿棉袄。岭上的山谷里，树木修长，没有弯曲的。到了大圣所处的地方，即使见到极鄙贱的人也不敢有轻蔑之心；即使是见到驴子之类的牲畜，也会起疑心，怕是文殊菩萨的化现之身。眼中所见都以为是文殊菩萨所化现的，圣灵之地，使人自然而然产生崇拜尊重之心。

原典

十七日，将延历寺未决三十条呈上志远和尚，请决释。志远和尚云："见说天台山已决此疑，不合更决。"不肯通矣。

晚际，与数僧上菩萨堂院见持念和尚，年七十，适见可卌来也。人云：年高色壮，得持念之力。开堂礼拜大圣文殊菩萨像，容貌颙然，端严无比。骑师子像，满五间殿在，其师子精灵，生骨俨然，有动步之势，口生润气，良久视之，恰似运动矣。

老宿云："初造此菩萨时，作了便裂。六遍柤（捏）作，六遍颣裂。其博士惆怅而云：'吾此一才天下共知，而皆许孤秀矣。一生来柤作佛像，不曾见裂损之。今时作此像，斋戒至心，尽自工巧之妙，欲使天下人瞻礼，特为发心之境。今既六遍造，六遍皆摧裂，的应不称大圣之心。若实然者，伏愿大圣文殊菩萨为我亲现真容，亲睹金颜，即仿与而造。'

"才发愿了,开眼见文殊菩萨骑金色师子现其人前,良久,乘五色云腾空飞去。博士得见真容,欢喜悲泣,方知先所作不是也。便改本样,长短、大小、容貌仿取所现之相。第七遍粗作此像,更不裂损,每事易为,所要者皆应矣。其人造此像了,安置此殿,露光眼中,注泪乃云:'大奇!曾来未曾见者,今得见也。愿劫劫生生常为文殊师利弟子。'言竟身亡。

"向后,此像时时放光,频现灵瑞。每有相时,具录闻奏。敕施袈裟,今见披在菩萨体上者,是其一也。因此,每年敕使送五百领袈裟,表赐山僧。每年敕使别敕送香花、宝盖、真珠、幡盖、佩玉、宝珠、七宝宝冠、金镂香炉、大小明镜、花毯、白毵、珍假花果等,积渐已多。堂里铺列不尽之余者,总在库贮积见在。自余诸道、州、府官私施主每年送者,不可胜数。今五台诸寺造文殊菩萨像,皆此圣像之样,然皆百中只得一分也。"云云。

其堂内外,七宝伞盖当菩萨顶上悬之。珍彩花幡、奇异珠鬘等满殿铺列。宝装之镜,大小不知其数矣。出到殿北,望见北台、东台圆顶高耸,绝无树木,短草含彩,遥望观之,夏中秋色。却到堂前,遥望南台,亦无树木,台顶独秀,与碧天接连,超然出于众峰之外。西台隔中台,望不见也。于菩萨堂前,临涯有三间亭子，地上敷板，四面高栏，亭下便是千仞之岸，岭峻。老宿云："昔者，日本国灵仙三藏于此亭子，奉见一万菩萨。"

遍礼讫，到阁院，见玄亮座主。从四月始讲《法花经》兼天台疏，听众卅余人，总是远和尚门下。朝座阁院讲《法花经》，晚座涅槃院讲《止观》。两院之众互往来听，从诸院来听者甚多。当寺上座僧洪基共远和尚同议，请二座主开此二讲，实可谓五台山大花严寺是天台之流也。共众僧上阁，礼拜功德。阁之内外庄严，所有宝物与菩萨堂相似也。见辟支佛①顶骨，其色白黯色，状似本国轻石；骨内坚实，大二升碗许大，见是额已上之骨，上生白发，长五分许，似剃来更生矣。西国僧贞观年中将来者也。

兼有梵夹②《法花经》，又佛舍利③置之于琉璃瓶里。金字《法花经》、小字《法花》精妙极也。阁前有塔，二层八角，庄校珠丽。底下安置阿育王塔④，埋藏地下，不许人见。是阿育王所造八万四千塔之一数也。次入善住阁院随喜。有禅僧五十余人，尽是毳衲锡杖，各从诸方来巡（看）者也。敕置镇国道场，有天台宗僧讲《四分律》，亦是远和尚门下。

注释

①**辟支佛**：辟支迦佛陀 Pratyeka-buddha 的略称，意译为缘觉、独觉。与声闻、菩萨合称三乘。其义有二：出生于无佛之世，佛法已灭，而因其前世修行的因缘，自以智慧得道，称独觉；另由"十二因缘"而悟圣果，称缘觉。

②**梵夹**：又称经夹、梵筴，刻在贝多罗叶上的经卷，亦称贝叶经。

③**佛舍利**：舍利是梵文 Śarīra 的音译，又译设利罗、室利罗。意为尸体或身骨。相传释迦牟尼遗体火化以后结成的珠状物，后也指德行较高的和尚死后烧剩的骨头。通常说的舍利有三种颜色：白色骨舍利、黑色发舍利、赤色肉舍利。此外又有全身舍利、碎身舍利以及生身舍利、法身舍利的区别。

④**阿育王塔**：阿育王为佛以后大兴佛事，到处建立寺塔，奉安佛舍利及供养僧众。据说阿育王治下有八万四千国，故敕诸国建八万四千大寺、八万四千宝塔等。

译文

十七日，将延历寺未解决的天台宗疑问三十条奉呈志远和尚请求解释，志远和尚说："听闻天台山已解决了这些疑问，不该再作解释。"不稍通融。

晚间，和数名僧人上菩萨堂院拜见持念和尚，和尚年已七十，乍看就好像是四十多岁的人。人们都说，和尚年高色壮，靠的是持念之力。进堂院礼拜大圣文殊菩萨像，容貌硕大，庄严无比。五间殿里触目都是骑狮子的像。那些狮子精神灵气，栩栩如生，骨肉触摸可见，俨然振步欲行，不觉口生润气，长久地凝视着狮子，而那狮子也似乎正要奔走的样子。

老和尚说："刚做这狮子时，做完就开裂了。做了六次，六次都裂了。造像的博士惆怅地说：'我造像的才能堪称一枝独秀、独步天下。一辈子造像，从来没出现过这种情形（开裂损坏），今日做这像，斋戒齐备，极为用心，想尽展我的技艺，奇天工之妙，让天下人瞻仰礼拜，成为发心之境。可现在已经造了六遍，却都没有成功，看来是我的技艺不称大圣的心思。如果是这样，我恳求大圣文殊菩萨为我展现真容。让我一睹尊容，便可仿而造像。'

"博士发愿刚完，就见文殊菩萨骑着金色狮子出现在眼前，许久，驾乘五色云腾空飞去。博士目睹真容，喜而泣下，才知原来为什么老是不能制作成功。于是照着所显现的文殊菩萨的模样，改变原来模样、长短、大小、容貌。第七遍造像，再也没有损裂。事情容易做，有求必应，这都是有菩萨在冥冥中照应啊！博士造完佛像放到殿中，眼中神采飞扬，博士流泪说：'有幸，得见前所未见。不才愿劫劫生生，永为文殊师利的弟子。'说完死去。

"从此以后，此像时时放光，常现灵瑞之相。每次出现瑞相时，就详细写下呈奏。帝敕令施与袈裟，现在披在菩萨身上的只是其中的一部分。由于此原因，每年由敕使专送袈裟五百件，特别说明是赐予五台山僧人的。每年由敕使另赐送的香花、宝盖、珍珠、幡盖、佩玉、宝珠、七宝宝冠、金镂香炉、大小明镜、花毯、白氎、珍假花果等，已经堆积了很多。殿堂中放不下的都贮藏在库里。其余来自各州、道、府官和施主每年所送的物品，更是数不胜数。现在五台山各寺所造的文殊菩萨像，都是照此圣像为模而作，但就神韵而言，百中得一分而已。"

在殿堂的内外，都有七宝伞盖悬空在菩萨像的上方。珍贵的花幡、奇异的珠鬘，铺列满堂。宝装的镜子，大大小小不知有多少。到殿的北边，见北台、东台圆顶高耸，一点树木都没有，只有一些绿草发出青色的光，远远看去，像是夏秋季节的景色。回到殿堂前，遥看南台，亦是没有一点树木，圆顶独秀，像是要和蓝天融为一体，远出于群峰之上。西台为中台所隔，所以不能看见。在菩萨堂前的临崖处有三间亭子，地上铺了木板，四面都有高栏围着，亭子下面便是千仞壁立的深壑。老和尚告诉说："过去日本国的灵仙三藏曾在这个亭子见过一万菩萨。"

礼谒以后便到阁院拜见玄亮座主。玄亮座主自四月开始讲《法华经》和天台大师的疏，听众有四十多人，都是志远和尚的门下弟子。朝座是在阁院讲《法华经》，晚座是在涅槃院讲《止观》。两院的听众相互往来听讲，由各院来听的也不在少数。本寺上座僧洪基与志远和尚一起商议，请两位座主开这两个讲座，这简直可以说五台山大华严寺是天台的一个分流了。和众僧一起上阁，礼拜功德。阁的内外极庄严，所陈列的宝物与菩萨堂相同。有辟支佛的顶骨，其色灰白，样子像本国的轻石；骨质坚硬，有大二升碗粗细，想来是头额以上的骨了，上生白发五分许长，像剃后再生的。这是西国蕃僧于贞观年间带来的。

另有《法华经》的贝叶经，佛舍利放在琉璃瓶中。金字写的《法华经》与小字写的《法华经》均精妙绝伦。阁前有塔，二层呈八角形，庄严华丽。塔底有阿育王塔，埋在地下，不让人看见。这是阿育王时所造的八万四千座塔中的一座。接着又到善住阁院随喜，有禅僧五十多人在那儿,都穿毳衲、拿锡杖,是由各地来五台山巡礼的。在敕令所置的镇国道场,天台宗僧人正在讲《四分律》,此公也是志远和尚的门下。

3　五台巡礼

原典

（五月）廿日，始巡台去。从花严寺向西上坂行七里许，到王子寺吃茶。向西上坂行六七里，至王花寺。更向西上坂十余里，到中台。台南面有求雨院，从院上行半里许到台顶。顶上近南有三铁塔，并无层级、相轮[①]等也。其体一似覆钟，周圆四抱许。中间一塔四角，高一丈许，在两边者团圆，并高八尺许。武婆天子[②]镇五台所建也。武婆者，则天皇是也。铁塔北边有四间堂，置文殊师利及佛像。

从此北一里半是台顶，中心有玉花池，四方各四丈许，名为龙池。池中心小岛上有小堂，置文殊像，时人呼之龙堂。池水清澄，深三尺来。在岸透见底，砂净洁，并无尘草。台顶平坦，周围可百町余，超然而孤起，犹如双出。台形圆耸，于此望见余之四台。西台、北台去中台稍近。

下中台，向北上坂便是北台之南崖（涯）。又下中台向西上坂，便是西台之东崖也。三台地势近相连：东台、南台去中台并五十来里。中台东脚，长岭高低，屈曲逦迤，向南五十里，地便与南台西北脚连。北台东北脚，岭下而复上，高低长岭参差，向东四十余里，便与东台西脚连。然五台高崄，出众岭之上。五台周圆五百里外便有高峰重重，隔谷高起，绕其五台，而成墙壁之势。其峰参差，树木郁茂，唯五顶半腹向上，并无树木。

然中台者，四台中心也。遍台水涌，地上软草长者一寸余，茸茸稠密，覆地而生。蹋之即伏，举脚还起。步步水湿，其冷如冰，处处小洼，皆水满中矣。遍台砂石间错，石塔无数。细软之草间莓苔而蔓生，虽地水湿，而无卤泥，缘莓苔软草布根稠密故，遂不令游人污其鞋脚。奇花异色，满山西（而）开。从谷至顶，四面皆花犹如铺锦，香气芬馥，薰人衣裳。人云："今此五月犹寒，花开未盛；六七月间，花开更繁。"云云。看其花色，人间未有者也。

从台顶东下坂半里许，有菩萨寺，夏有粥饭，祇供巡台僧俗。从铁塔前向西渐下路，行十余里，下峻坂二里许，更上坂向西半里许，到西台供养院。于院后有三大岩峰，崄峻直秀，三峰并起，名曰香山。昔天竺僧来，见此三峰乃云："我在西国，久住香山，今到此间，再见香山，早出现此乎？"

从供养院向西上坂五六里，到西台顶。台顶平坦，周围十町许。台体南北狭，东西阔，东西相望，东狭西阔。台顶中心亦有龙池，四方各可五丈许。池之中心有四间龙堂，置文殊像。于池东南，有则天铁塔一基，圆形无级，高五尺许，周二丈许。莓苔软草、磐石石塔、奇异花草不异于中台。地上水涌，潜停于草下，洼处水停。三方涯峻，而东岸逦迤渐下，与中台脚根连。

从台西下坂行五六里，近谷有文殊与维摩[3]对谈处。两个大岩相对高起，一南一北，高各三丈许。岩上皆平，皆有大石座。相传云文殊师利菩萨共维摩相见对谈之处。其两座中间，于下石上有师子蹄迹，蹋入石面，深一寸许。岩前有六间楼，面向东造。南头置文殊像，骑双师子。东头置维摩像，坐四角座；老人之貌，顶发双结，幞[4]色素白，而向前覆，如戴莲荷；着黄丹衣及白裙，于衣上袭披皮裘，毛色斑驳而赤白黑；两手不入皮袖，右膝屈之着于座上，竖其左膝而踏座上，右肘在案几之上，仰掌以申五指，左手把麈尾，以腕押左膝之上，开口显齿，似语笑之相。近于座前，西边有一天女，东边有一菩萨，手擎钵，满盛饭而立。又于此楼前，更有六间楼相对矣。人云见化现时之样而造之矣。楼东行百许步，有八功德池，水从大岩底涌。巡看至夜，却到供养院宿。

注释

①**相轮**：又名轮相，指塔上的九轮。九轮是指塔上突出的九层轮盖。

②**武婆天子**：指武则天。

③**维摩**：维摩诘Vimalakīrti的简略，又译毗摩罗诘。意为净名、无垢称。佛教菩萨名。据载，他是毗耶离（吠舍离）神通广大的大乘居士。曾以称病为由，同释迦牟尼派来问病的文殊师利（智慧第一的菩萨）等反复论说佛法，义理深奥，妙语横生。文殊等对其备加崇敬。

④"幙"，疑应作"幞"。

译文

（五月）二十日，开始巡礼五台山之旅。由华严寺向西上坡走七里多，到王子寺吃茶。再向西上坡走六七里，到王花寺。又向西上坡走十多里，便到中台。台的南面有求雨院，由院往上走半里多便到台顶。在台顶靠近南边的地方有三个铁塔，都没有层级、相轮。其形状像是倒扣的钟，围长有四抱多。中间的塔呈四角形，一丈多高，两边的呈圆形，都有八尺多高。这是武婆天子镇五台时所建的。武婆就是武则天。铁塔以北有四间堂屋，安置文殊师利像和佛像。

由此向北走一里半便是台顶，顶的中心有玉花池，池的四周各长四丈多，名叫龙池。池中间的小岛上有一个小佛堂，供奉有文殊菩萨的像，当时人都叫作龙堂。池水清澈，三尺多深。在岸上能看到池底，砂石洁净，没有灰土和杂草。台顶地面平坦，有百余町宽，挺拔孤立，像是雕成的。台形圆耸，由这里看另外四台，西台、北台距中台较近。

下中台，向北上坡就是北台的南崖。下中台往西上坡，便是西台的东崖。此三台的地势靠得较近，连成一体：东台、南台距中台都是五十来里。中台的东麓，山岭起伏，逶迤曲折，往南延伸五十里便与南台的西北山麓相连了。北台的东北麓，下岭上岭，山岭高低参差，向东四十多里便与东台西麓相连。五台高峻，远出众巅之上。五台山方圆五百里外，便是高山环绕，深谷重重，将五台密密围住，成铁壁合围之势。山峰参差，树木繁茂，而五台顶部半山腰以上却没有树木。

中台是其余四台的中心。台顶遍地有水泉涌出，绿草长有一寸多长，茸茸稠密，覆地而生。脚踏着就伏地、起脚便又复原。步步有水渗到脚底，凉冷似冰，到处都是小水洼，都储满了水。台顶砂石间错，有石塔无数。绿草丛中，莓苔相间而生。地面虽有水，却无烂泥。因为莓苔绿草根系稠密，所以游客们都不用担心沾湿鞋底。奇花异草，满山竞开。由山谷到台顶，四面都是山花，繁如铺锦，香气芬馥，熏人衣裳。人们说："现在是五月里，天气还冷，花开得还不盛，六七月里，花开得还要好看。"细看其花色，似是人间所没见过的。

由台顶往东下坡走半里多，有一菩萨寺，夏季设有粥饭，供巡礼台山的僧俗食用。由铁塔前往西朝下走，走十多里，下陡坡二里多再上坡向西半里多，便到西台供养院。院后有三座岩峰，峻险挺拔，三峰并立，名叫香山。过去有天竺和尚来，见到这三座山峰，不禁赞叹说："我在西国时久住香山，今天到此地又见到香山，莫非是老早就有了吗？"

由供养院向西上坡行五六里，便到西台的顶端。西台的台顶平坦，面积有十町多。台顶地势南北狭长、东西宽阔。就东西而言，东狭西阔。台顶的中央也有一个龙池，四周各长五丈多。龙池的中央有四间龙堂，放有文殊菩萨像。在龙池的东南方有则天铁塔一座，塔呈圆形，没有层级，高五尺多，周围有二丈多。台顶的莓苔软草、磐石石塔、奇花异草，与中台大体相同。地上的泉水涌出，滞于软草之下，在水洼处渚成一汪汪水流。台的三边陡峭，只有东侧逶迤而下，和中台的山麓相连。

由台的西侧下坡走五六里，在附近山谷有文殊与维摩对谈的地方。两块巨岩，相对耸立，一南一北，都高三丈余。岩上平坦，并且都有一个大的石座。相传这是文殊师利菩萨和维摩相见对谈的地方。那两个石座中间，在下边的石头上还有狮子的脚迹，深深地蹋进了石头中，深一寸多。在巨岩前有六间楼，面向东方而造。在房屋的南头放置着文殊菩萨的像，骑了两只狮子。东边放的是维摩的像，坐在四角座上；维摩一派老人模样，头顶的头发绾成双结，幞头素白，向前覆头，好像头戴莲花；穿着黄丹色衣和白裙，在衣服上披了一袭皮裘，毛色斑驳而赤白黑相间；两手在皮袖外，右膝屈在座上，左膝蹬踏在座上，右肘放在案几上，右手伸展向前摊出五指，左手持麈尾，手腕支在左膝上，开口露齿，好像在讲话的样子。在靠近座的西侧有一天女，东侧有一菩萨，手持盛满饭食的钵，站立在那儿。在楼前另有六间楼相对而立。人们告知说，这是照着化现时的样子造作的。由楼往东走一百多步，是八功德池，泉水由巨岩底下涌出。一直巡看到天黑，当晚回供养院住下。

原典

廿一日，斋后，却到中台菩萨寺吃茶。向东北遥望，谷底深处数十町地，见白银之色。人云是千年冻凌，年年雪不消，积为冻凌。谷深而背阴，被前岩遮，日光不曾照着，所以自古已来，雪无一点消融之时矣。谷之前岭，便是中台之东脚也。

从菩萨寺向北，傍中台之东岸，逶迤下坂十里来，又更上坂行十余里到北台。台顶周圆六町许。台体团圆，台顶南头有龙堂，堂内有池，其水深黑。满堂澄潭，分其一堂为三隔，中间是龙王宫。临池水上置龙王像。池上造桥，过至龙王座前。此乃五台五百毒龙之王。每台各有一百毒龙[①]，皆以此龙王为君主。此龙王及民，被文殊降伏归依，不敢行恶云云。

龙宫左右隔板墙置文殊像。于龙堂前有供养院。见有一僧，三年不饭，日唯一食，食泥土便斋，发愿三年不下台顶。有数个弟子院，前院俯临深谷，台嵬嵯峨而可千仞。此谷是文殊曾化现金钟宝楼之处，今呼为钟楼谷。谷之西源是中台东岸之底。谷南便是高岭，岭之北岸极崄而深至谷底，千年冻凌在幽底而皓晖。

又向东南望见大花严寺。台顶中心有则天铁塔，多有石塔围绕。软草莓苔，遍敷地上，隔三四步皆有小井池无数,名为龙池,水涌沙底而清浅。

正北、正东岸峻,高临深谷。北谷名之宋谷。曾有一僧,依天台智者法花三昧,行法礼忏,得见普贤菩萨及多宝塔之处。南面虽险路,而有路可攀蹑。西北岸渐下成帷(堆),终为深谷。

台顶东头有高阜,名罗汉台。遍台亦无树木。从罗汉台向东南下,路边多有燋石满地,方圆有石墙之势。其中燋石积满,是化地狱之处。昔者,代州刺史性暴,不信因果,闻有地狱不信。因游赏,巡台观望到此处,急(忽)然见猛火焚烧岩石,黑烟冲天而起。焚石火炭赫奕而成围廓。狱卒现前忿悒,刺史惊怕,归命大圣文殊师利,猛火即灭矣。其迹今见在。燋石垒为垣,周五丈许,中满黑石。

注释

①**毒龙**:据《智度论》有毒龙持戒失身说。菩萨原为大力毒龙,众生力弱者看到便死,力强者气往而终。是龙受一日戒,入树林中,有猎人见后,美其纹,便剥了它的皮,毒龙以正在持戒忍住了。接着,又有许多小虫子来吃它的肉,毒龙以为佛道之故,甘为其食。终于身干命终,生第二忉利天上。

译文

二十一日，斋后到中台菩萨寺吃茶。往东北方眺望，在山谷深处有数十町大的地方，发出白色的银光。人们说这是千年冻凌，年年的白雪不能消融，于是成为冻凌。山谷深而背阴，为岩石遮挡，阳光不能照到，所以自古以来，白雪从来没有消融的时候。山谷前的山岭，便是中台的东麓。

由菩萨寺往北，沿中台的东侧，逶迤下坡十多里，又上坡走十几里便到北台。台顶面积六町多。台顶呈圆形，在台顶的南边有一龙堂，堂中有池，池水深黑。堂中都是澄潭，将龙堂一分为三，中央为龙王宫。在靠池水的边上放有龙王像。池上建有桥，可通到龙王座前。这是五台山五百毒龙之王。五台山每台各有一百毒龙，都以此龙为君主。这龙王及其臣民被文殊菩萨降服，不敢再行恶了。

龙宫的左右隔着板墙供奉有文殊菩萨像。在龙堂的前面有供养院。看到有一位僧人，三年不吃米饭，每天仅吃一顿，吃的是泥土便斋，并发愿三年不下台顶。另有弟子院数座，前院俯临深谷，台的下边是千仞深谷。此谷为文殊菩萨化现金钟宝楼之地，现称为钟楼谷。谷的西边，便是中台的东麓。谷南是高岭，岭北侧山势险峻,深到谷底,千年冻凌在幽谷中发出阴冷的寒晖。

再向东南可见大华严寺。台顶的中心有武则天时造的铁塔,有许多石塔围绕着铁塔。软草莓苔遍生地上,每隔三四步就有无数小水渚,名叫龙池,泉水从沙底涌出,浅而清澈。

台顶的正北、正东面极险峻,高临深谷。北谷名叫宋谷。相传曾有一和尚依天台智顗的法华三昧行法礼忏,在此地得以见到普贤菩萨和多宝塔。南面的山崖虽然险峻,但好在有路可攀援。西北面渐渐低下形成帷幔,形成一个深谷。

台顶的东面有一高丘,名叫罗汉台。台上也没有树木。从罗汉台的东南面下台,路旁多有燋石,遍地都是,像是一道石墙。其中尽是燋石,这是化现地狱之处。相传以前有位代州刺史性情暴戾,不相信因果报应之说,听有地狱也不相信。有次到台山游玩观赏,来到此地,忽见大火焚烧岩石,黑烟冲天而起。石头被烧得像火炭一般透出赤焰,将刺史团团围住。狱卒的狰狞面目出现在他的眼前,刺史极为恐惧,归命于大圣文殊师利,大火即灭。其遗迹至今犹存。燋石垒成墙垣,周长五丈多,中间全是黑石。

原典

廿二日，粥后，傍北台东腹向东北逦迤下坂，寻岭东行廿里许，到上米普通院。在堂里忽见五道光明，直入堂中照，忽然不现矣。惟正、惟晓等同在堂，皆云不见物。奇之不已。

斋后，寻岭向东，渐上坂廿里来到东台。台东头有供养院，入院吃茶。向南上坂二里许，到台顶。有三间堂，垒石为墙，四方各五丈许，高一丈许。堂中安置文殊师利像。近堂西北有则天铁塔三基，体共诸台者同也。台顶无龙池，地上亦无水，生草稍深。台顶周圆，四方各可十丈许。台体南北渐长，东西狭，北根长一里许。台南有岭，高低长连三里许。然台顶最高显而无树木。从台顶向东直下半里地，于峻崖上有窟，名为那罗延窟。人云：昔者，那罗延佛[①]于此窟行道，后向西去。窟内湿润而水滴，户阔六尺，窟内黑暗，宜有龙潜藏矣。

日晚，却到供养院宿。时欲黄昏，天色忽阴，于东谷底，白云叆叇，忽赤忽白而飞扬，雷声霹雳，在深谷纷斗。人在高顶，低头而视，风雨共雹乱坠。夜深而息。

廿三日，斋后下台，却到上米普通院，便向南直下坂，行十八里许入谷，更向东南行三四里，更向西谷行一里许到金刚窟，窟在谷边。西国僧佛陀波利空手来到山门，文殊现者（老）人身，不许入山，更教往西国取《佛顶尊胜陀罗尼经》②。其僧却到西天，取经来到此山，文殊接引同入此窟。波利才入，窟门自合，于今不开。窟岩坚密，带黄色。当窟户有高楼，崛（窟）门在楼下，人不得见。于楼东头有供养院。窟户楼上有转轮藏③，六角造之，见于窟记。

窟内多有西天圣迹：维卫佛④时，香山摩利大仙⑤造三千种七宝乐器，其佛灭后，文殊师利将来，取（收）此窟中；拘留秦（泰）佛⑥时，兜率⑦天王造钟，盛一百廿石，闻声者或得四果⑧，或得初地⑨等，佛灭，文殊师利将此钟来，置此窟中；迦叶佛⑩时，造银箜篌，有八万四千曲调，八万四千曲调各治一烦恼，佛灭度后，文殊师利将此箜篌来，收入窟中；星宿劫⑪第二佛全身宝塔一千三百级，文殊菩萨将此塔来，收入此窟；振旦国⑫银纸金书及百亿四天下文字，文殊菩萨收入此窟云云。从窟上坂百步许，有文殊堂、普贤堂，此乃大超和尚⑬见金色世界之处也。

日晚，却到大花严纲维寺，引涅槃院安置阁下一房，此则讲《法华经》座主玄亮上人房。座主因讲，权居阁院。远和尚及文鉴座主院，天台教迹文书备足。

廿三日，始写天台文书日本国未有者。

注释

①**那罗延佛**：梵语 Nārāyaṇa，天上力士之名，或谓梵天王之异名。

②**《佛顶尊胜陀罗尼经》**：内容是叙述佛为善住天子宣说禳灾延寿之法，以示尊胜陀罗尼之灵验。是消灭罪障、长寿延命、除灾功德的经。该经由佛陀波利传来中国，共有约三十种不同的汉译本。唐代有五种译本，此外有善无畏和不空所译的异名内容相近的仪轨。

③**转轮藏**：可旋转的藏置佛经的塔形木结构书架。梁时傅翕大士始立。初始是给文盲等不能诵经的人准备的。意为有信心的推转轮藏一匝，与看读一遍同功。又称轮藏。

④**维卫佛**：又作毗婆尸佛 Vipaśyin-Buddha，过去七佛中的第一佛。

⑤**摩利大仙**：摩利支 Marici 之略，即阳焰。又名华鬘，用天女的形相名之，指其常在日前行，是天神。若念之，可离一切灾厄，密教传为武士的守护神。

⑥**拘留秦（泰）佛**：梵文 Kurakucchandha-Buddha，又作拘楼孙佛，过去七佛中的第四佛。

⑦**兜率**：旧作兜率陀等。欲界之天处，在夜摩天与乐变化天的中间，下当第四重。分天处内处之二。内院为弥勒菩萨之净土，外院则为天众之欲乐处。

⑧**四果**：佛教名数，即声闻乘四圣果。译须陀洹果、斯陀含果、阿那含果、阿罗汉果。前三果又译作预流果、一来果、不还果。预流是指去凡夫初入圣道之法流。一来指断欲界九地思惑（修惑）中前六品，尚余后三品。为达后三品之思惑，尚当于欲界之人间与天界（六欲天）受生一度。不还（又作不来）指断尽欲惑后三品的残余，不再还来欲界。阿罗汉又作杀贼、应供、不生，指上至非想非非想处一切思惑断尽之声闻乘极果。

⑨**初地**：菩萨十地之第一。

⑩**迦叶佛**：过去七佛之一。

⑪**星宿劫**：过去、现在、未来三大劫中未来大劫之名。此劫中有千佛出世，始于日光佛，终于须弥相佛。佛之出兴犹如天之星宿，故称星宿劫。

⑫**振旦国**：梵文 Cina-sthāna，又译支那、至那、真旦、真丹等。《华严经》称文殊菩萨的住处在真丹国那罗延山。玄奘在与戒日王谈话时亦曾提到摩诃至那国。实为秦的转讹，指中国。

⑬**大超和尚**：未详。足立喜六认为是大悟和尚之误。法照曾被追谥为大悟和尚。（见足立喜六译注、盐入良道补注《入唐求法巡礼行记》（二），东洋文库四四二，日本平凡社一九八五年版）。

译文

二十二日，吃粥后，沿北台的东山腰向东北方缓缓下坡，沿岭往东走了二十多里，到上米普通院。在佛堂里忽见五道光亮直射堂中，倏然不见了。惟正、惟晓等都同在堂中，都说看不见东西了，甚为惊奇。

斋后，沿岭向东，上坡走了二十里到东台，台的东面是供养院，进院吃茶。再向南上坡二里多，来到台顶。台顶有三间房舍，垒石成墙，四周都有五丈多，高一丈多。堂中放着文殊师利的像。靠近屋舍的西北有武则天时所造的铁塔三座，形状与各台的相似。台顶没有龙池，地面也没有泉水，杂草长得较长。台顶的周遭呈圆形，周围有十丈多。台形南北较长，东西较狭，北面长一里多。台南有山岭，高低绵亘三里多。台顶最高处寸草不生。由台顶往东径直下去半里地，在峻崖上有一洞窟，名叫那罗延窟。人们说，过去那罗延佛曾在此窟行道，后来去西天了。窟内湿润而有滴水，门户阔六尺，窟内黑暗，适宜蛟龙潜藏。

当晚到供养院宿夜。当时正近黄昏，天色忽然变阴，在东谷的底下，白云暧䨴，一会儿白，一会儿红。雷声霹雳，在深谷中回响。人处高顶，低头俯视，风、雨与雹子在山谷中乱坠。至深夜才停止。

二十三日，斋后下台顶，到上米普通院后便向南直下山坡，走十八里多进山谷，再向东南走三四里，转而向西谷走一里多便到金刚窟，此窟就在山谷边上。西国蕃僧佛陀波利空手来到台山山门，文殊菩萨化现为人，不许其入山，让其到西国取得《佛顶尊胜陀罗尼经》。蕃僧回西天取经再到此山，文殊菩萨接引同入此窟。波利才进入，窟门自动关闭，至今没有开过。金刚窟的岩石极坚硬，略呈黄色。当窟门有高楼，门在楼下，人不能看见。在楼的东头有一供养院。窟户楼上有转轮藏，造成六角形状，窟记上载有此事。

窟内多有西天圣迹：维卫佛时，香山摩利大仙建造的三千种七宝乐器，该佛灭后，由文殊师利带回放于此窟；拘留秦佛时兜率天王所造的钟可盛一百二十石，听其声者或得四果，或得初地，佛灭后，由文殊菩萨将其带来放到此窟；迦叶佛时造的银箜篌，可奏八万四千种曲调，这八万四千种曲调每种可治一种烦恼，佛灭度后，文殊菩萨将该银箜篌带来放入此窟；星宿劫第二佛时的全身宝塔有一千三百级，由文殊菩萨将此塔带回放置此窟中；振旦国的银纸金书和百亿四天下文字，文殊菩萨搜集放于此窟中。由窟上坡一百多步，有文殊堂、普贤堂，这就是大超和尚见"金色世界"的地方。

当晚到大华严纲维寺，被安置在涅槃院阁下一房，这是讲《法华经》的座主玄亮上人的住房。座主因为讲经，暂居阁院。志远和尚和文鉴座主所在的院，天台宗的教迹文书十分完备。

二十三日，开始抄写天台宗文书中日本国所没有的内容。

原典

六月六日，敕使来，寺中众僧尽出迎候。常例每年敕送衣钵香花等，使送到山表施十二大寺：细𫄨五百领、绵五百屯、袈裟布一千端青色染之、香一千两、茶一千斤、手巾一千条，兼敕供巡十二大寺设斋。

七日，于此寺设敕斋，斋后转《花严经》一部。晚际，敕使共数十僧上菩萨堂求化现①。到涅槃院，礼拜远和尚。

八日，敕使设斋，供一千僧。

九日，斋后，敕使往金阁寺。

十一日，今上德阳日，敕于五台诸寺设降诞斋。诸寺一时鸣钟，最上座老宿五六人起座行香。闻敕使在金阁寺行香归京。

廿一日，天色美晴，空色青碧，无一点翳。共惟正、惟晓、院中数僧，于院阁前庭中见色光云，光明晖曜，其色殊丽，炳然流空，当于顶上，良久而没矣。院中数十僧，不出来者不得见。爰有汾州头陀僧，五台十二寺及诸普通兰若十年供养主，名义圆，因送今年供来于同见光瑞，注泪而云："义圆发心十年已来，每年送遍山供不阙，未曾见一相。今共外国三藏同见光云，诚知生处虽各在殊方，而蒙大圣化同有缘哉！从今已后同结缘，长为文殊师利菩萨眷属。"云云。

廿九日，写天台教迹毕，作目录呈远和尚，令题法讳。

七月一日，为往长安，排比行李。见人说从五台往长安向西南行二千余里，得到长安也。斋前，拜远老宿及讲天台《止观》《文句》二座主及诸大众讫。院主僧广初设空饭送路。斋后便发，院内大众相送到三门外，扣泪执手别矣。取竹林路，从竹林寺前向西南逾一高岭，到保磨镇国金阁寺坚固菩萨院宿。遍台供养主僧义圆亦归汾州去，今日从花严寺续后来同院宿。院僧茶语云："日本国灵仙三藏昔住此院二年，其后移向七佛教诫院亡过。彼三藏自剥手皮，长四寸，阔三寸，画佛像，造金铜塔安置。今见在当寺金阁下，长年供养。"云云。

二日，共义圆供主等及寺中数僧开金阁，礼大圣文殊菩萨：骑青毛师子，圣像金色，颜貌端严不可比喻。又见灵仙圣人手皮佛像及金铜塔。又见辟支佛牙、佛肉身舍利。当菩萨顶悬七宝伞盖，是敕施之物。

阁九间，三层，高百尺余。壁檐橡柱，无处不画，内外庄严，尽世珍异。颙然独出杉林之表，白云自在下而嗳瞙，碧层超然而高显。次上第二层，礼金刚顶瑜伽五佛像②。斯乃不空三藏为国所造，依天竺那兰陀寺③样作，每佛各有二胁士，并于板坛上列置。次登第三层，礼顶轮王瑜伽会五佛④金像。每佛各一胁士菩萨，二菩萨作合掌像，在佛前面向南立。佛菩萨手印容貌与第二层像各异。粉壁内面，画诸尊曼荼罗，填色未了。是亦不空三藏⑤为国所造。

瞻礼已毕，下阁到普贤道场，见经藏阁《大藏经》⑥六千余卷，总是绀碧纸、金银字、白檀玉牙之轴。看愿主题云："郑道觉，长安人也。大历十四年五月十四日巡五台，亲见大圣一万菩萨及金色世界，遂发心写金银字《大藏经》六千卷。"云云。

亦有画脚迹千辐轮相，并书迹之根，申云："贞观年中，太宗皇帝送袈裟使到天竺，见阿育王古寺石上有佛迹，长一尺八寸，阔六寸，打得佛迹来，今在京城，转画来此安置。"云云。

次开持念曼荼罗道场，礼拜尊像。此则不空三藏弟子含光⑦为令李家昌运长远，奉敕持念修法之道（场）。坛面三肘，以白檀汁和泥涂作，每风吹时，香气远闻。金铜道具甚多，总着坛上。

次开普贤堂，礼普贤菩萨像。三像并立，背上安置一菩萨像。堂内外庄严，彩画镂刻，不可具言。七宝经函，真珠绣佛，以线串真珠，绣着绢上，功迹奇妙。自余诸物，不暇具录。礼看毕，却到院断中。斋后，共供主头陀僧义圆等数人同为一行，向南台去。

注释

①化现：指菩萨为济度众生变作示现种种之形。

②金刚顶瑜伽五佛像：金刚界的五佛。《金刚顶经》所说瑜伽十八会的第五会世间出世间金刚瑜伽会的略称。这五佛分别是毗卢舍那（梵文 Vairocana）、阿閦（梵文 Akṣobhya）、宝生（梵文 Ratnasambhava）、无量寿（梵文 Amitāyus）、不空成就（梵文 Amogha-siddhi）等。在金刚界的曼荼罗中，毗卢舍那（大日如来）戴宝冠居中央，阿閦坐东方、宝生位于南方、无量寿位于西方、不空成就位于北方。

③那兰陀寺：梵文 Nālandā，意译施无厌。古印度摩揭陀国王舍城东的著名寺院，在今印度比哈尔邦巴腊贡（Baragaon）地方。原是帝日王为北印度曷罗社盘社比丘所建，后经觉护王、幻日王等历代国王扩建，成为古印度规模宏大的佛教寺院和佛教最高学府。全寺共分八个大院，相传盛时主客僧众常达万人，学习大乘、小

乘及吠舍、因明、声明、医方明等。中国玄奘、义净等人曾到此就学多年。该寺十二世纪被毁。

④顶轮王瑜伽会五佛：一作五顶轮王、如来五顶，又作五佛顶。顶轮王为金轮佛顶的异名。尊像为黄金色或白色，坐八叶白莲花上，手结智拳印，顶有肉髻之形，其上更有发髻，形如轮王，故名。

⑤不空三藏：（公元七〇五—七七四年）梵名Amoghavajra，音译阿目佉跋折罗，意译不空金刚。真言宗第六祖，中国佛经四大译师之一，与善无畏、金刚智并称开元三大士。原籍北天竺（一说师子国——今斯里兰卡，旧译锡兰），十五岁出家，师事金刚智，随同来洛阳。二十岁在洛阳广福寺受具足戒，参与译场，传五部密法。常随金刚智往返东西两京。金刚智死后，奉其遗命，率弟子含光等三十七人于唐天宝二年（公元七四三年，一说开元二十九年即公元七四一年）至师子国和天竺广求密藏，从普贤阿阇梨受十八会金刚顶瑜伽法门和大毗卢遮那大悲胎藏建立坛法，天宝五年返唐。先住鸿胪寺，旋奉诏入宫，建曼荼罗，为皇帝灌顶，帝赐号智藏。曾被赐号大广智三藏，谥大辩正广智不空三藏和尚。译有《仁王护国般若波罗蜜多经》、《大乘密严经》《金刚顶一切如来真实摄大乘现证大教王经》（通称《金刚顶经》）、《金刚顶瑜伽中发阿耨多罗三藐三菩提心

论》等大乘及密教经典共七十七部，一百二十余卷。

⑥《大藏经》：佛教典籍的丛书。以经、论、律为主，并包括若干印度、中国等国其他佛教撰述。南北朝时称"一切经"，隋代以后始有此称。原指汉文佛教典籍，现泛指一切文种的佛典。

⑦含光：不空的弟子。曾随不空入印度受五部灌顶、习五部密法。永泰二年（公元七六六年）受师命到金阁寺修功德的沙门。大历二年（公元七六七年）在台山中建普通院。曾与此时巡台的天台九祖湛然有交往。

译文

六月六日，有敕使来，寺中诸僧悉数出来迎候。按常例每年敕令送衣钵香花等，派专使表施十二大寺，其中细𫄨五百领、绵五百屯、青色的袈裟布一千端、香一千两、茶一千斤、手巾一千条，并由敕令设斋供养巡礼台山十二大寺的僧众。

七日，在此寺设敕斋，斋后转《华严经》一部。晚上，敕使与数十僧上菩萨堂祈求文殊菩萨化现。后到涅槃院礼拜志远和尚。

八日，敕使设斋供养一千僧。

九日，斋后，敕使去金阁寺。

十一日，皇上的生日，敕令在五台各寺设降诞斋。

各寺一时钟声悠扬，由最上座的老宿五六人起座行香。听说敕使在金阁寺行香后便归京城。

二十一日，天色晴朗，碧空万顷，没有一丝云翳。与惟正、惟晓及院中的数位僧人在院阁前庭中见到了色光云，闪闪发光，颜色艳丽，赫然流于天空，停于头顶，很久才消失。当时院中有数十位僧人，但不出来的没能看到这瑞光。一位来自汾州的头陀僧，是五台山十二寺和各普通兰若的十年供养主，名叫义圆，因恰来送今年的供物，同在院中见此瑞光，义圆流泪说："义圆发愿十年以来，每年送遍山供养不缺，一直没有能亲睹瑞相。今天与外国三藏共见光云，深知生处虽各不同，而蒙恩泽被大圣教化是一样有缘的。从今以后，一同结缘，永为文殊师利菩萨的眷属。"

二十九日，抄完天台教迹，将目录递呈志远和尚，请题法讳。

七月一日，准备去长安的行装。听人说，由五台到长安得向西南走二千多里才到。斋前，辞别志远大师和讲天台《止观》《文句》的两位座主及众僧。院主僧广初设空饭饯别。斋后出发，院内众人相送到三门外，挥泪依依惜别。取道竹林路，由竹林寺前向西南翻过一座高岭，到保磨镇国金阁寺坚固菩萨院住宿。全台供养主义圆也回汾州，今日由华严寺赶来，同到院中住宿。院僧奉茶时相告说:"日本国灵仙三藏过去曾经在本院住过两年,以后移居七佛教诫院亡故。该三藏自剥手皮,长四寸,宽三寸,画佛像,做金铜塔放置其中。现存在本寺金阁下,长年供养。"

二日,与义圆供主等及寺中几位僧人一起打开金阁,礼拜大圣文殊菩萨骑青毛狮子的圣像,圣像颜貌金黄,庄严端正,无可比喻。还瞻仰了灵仙圣人制的手皮佛像和金铜塔。又看到辟支佛牙、佛肉身舍利。在菩萨头像的顶上悬有七宝伞盖,这是敕施的物品。

金阁有九间宽,三层,高一百余尺。壁、檐、椽、柱,到处都描画得十分精妙,里外均很庄严,全是罕世珍异。金阁超然独出杉林之上,白云在阁下飘荡,蓝天高旷。接着上第二层,礼拜金刚顶瑜伽五佛像。这是不空三藏为国家所造的,依照天竺那烂陀寺的式样,每个佛像的旁边都有二位胁士,一起放在板坛上。接着登上第三层,礼拜顶轮王瑜珈会五佛金像。每个佛像的旁边都有一胁士菩萨,又有两个菩萨作合掌状,在佛像前向南而立。佛菩萨的手印容貌与第二层的佛像不尽相同。粉壁上所有诸尊曼荼罗,尚未着色。这也是不空三藏为国家所制作的。

瞻礼完后,下阁到普贤道场,看到经藏阁所藏《大藏经》六千余卷,都是用的绀碧纸,以金银粉写成,用白檀玉牙装成轴。翻看其中愿主所题："郑道觉，长安人。大历十四年（公元七七九年）五月十四日巡礼五台山，得亲见大圣一万菩萨圣容和'金色世界'，于是发愿决心写金银字的《大藏经》六千卷。"

也有画佛脚迹千辐轮相的，并在迹下题道："贞观年中，太宗皇帝派袈裟使到天竺，见到阿育王古寺石上的佛迹，长一尺八寸，宽六寸，便将佛迹拓来，现存京城，此处安置的是从京城转画的。"

接着瞻仰持念曼荼罗道场，礼拜尊像。这是不空三藏的弟子含光为祝愿李唐王朝国运昌隆，奉敕令持念修法的地方。坛面三肘见方，用白檀汁和泥涂成，每当清风吹拂，香气随风弥漫。金、铜的各式道具很多，都放在坛上。

接着瞻仰普贤堂，礼拜普贤菩萨像。三像并立，背上还有一菩萨像。堂内堂外庄严无比，雕画镂刻，精妙绝伦，不可名状。七宝经函、真珠绣佛，用线串起珍珠，将串珠绣在绢上，巧夺天工，不似人间之物。其余诸物，无暇一一具录。瞻礼完后，到院中用午斋。斋后和供主头陀僧义圆等人同行，去南台。

原典

从金阁寺西去寺五里有清凉寺，今管南台。此五台山都号清凉山，山中造寺，此寺最初，故号清凉寺，寺中有清凉石云云。被头陀引向南台去，不得到彼寺。出金阁寺三门，寻岭向南上坂行廿里，到南台西头。向东傍台南岸行四五里到台上，并无树木，台东南侧有供养院。

从院向北上坂三百步许，方到台顶。于三间堂内，安置文殊菩萨像。白玉石造，骑白玉师子。软草稠茂，零凌香花，遍台芳馥。台体西北及东南，长岭高低，逦迤而渐远。东、西、北面，峻涯临于邃谷。在顶向（西）北，遥见四台，历然在眼前。回首遍观五顶，圆高超然，秀于众峰之上。千峰百岭，松杉郁茂，参差间出。五顶之下，深溪邃谷，不见其底；幽泉涧水，但闻流响。异鸟级翔众峰之上，羽翼凌高，而飞台上顶者稀矣。五顶之地，五百里外，四面皆有高峰张列，围拥五台而可千里。并其锋刃，而有重坭周绕之势，峰谷重重，不知几重。

且从东入台山，入山谷行五百里，上至巉岩之顶，下到深谷之底；动经七日，方得到五台山地。其余三方四维，亦是远涉山谷，方到五台。诚知五台山乃万峰之中心也。五百毒龙潜山而吐纳风云，四时八节辍雷雹频降矣。天色急晴，游人不见长明之光景。每晴明时，观于五台，是浅黄之色。台上忽见一点云起，俄尔之间，重云遍山。入此山者，自然起得平等之心。山中设斋，不论僧俗、男女、大小，平等供养；不看其尊卑、大小，于彼皆生文殊之想。

昔者，大花严寺设大斋，凡俗男女、乞丐、寒穷者，尽来受供。施主憎嫌云："远涉山坂到此设供，意者只为供养山中众僧，然此尘俗乞索儿等尽来受食，非我本意。若供养此等乞丐，只令本处设斋，何用远来到此山！"僧劝令皆与饭食。

于乞丐中有一孕女怀妊在座，备受自分饭食讫，更索胎中孩子之分。施主骂之不与。其孕女再三云："我胎中儿虽未产生，而亦是人数，何不与饭食？"

施主曰："你愚痴也。肚里儿虽是一数，而不出来，索得饭食时，与谁吃乎？"

女人对曰："我肚里儿不得饭，即我亦不合得吃。"便起出食堂。才出堂门，变作文殊师利，放光照耀，满堂赫奕，皓玉之貌，骑金毛师子，万菩萨围绕腾空而去。一会之众，数千之人，一时走出，茫然不觉倒地，举声忏谢，悲泣雨泪。一时称唱大圣文殊师利，迄于声竭喉涸，终不蒙回顾，仿佛而不见矣。大会之众，餐饭不味，各自发愿，从今已后，送供设斋，不论僧俗、男女、大小、尊卑、贫富，皆须平等供养。山中风法，因斯置平等之式。自余灵化，频现多瑞，天下共知。

今见斋会，于食堂内，丈夫一列、女人一列，或抱孩儿，儿亦得分；童子一列、沙弥一列、大僧一列、尼众一列，皆在床上受供养。施主平等行食，有人分外多索，亦不怪之，随多小皆与之也。

山中多寒，五、六、七月，遍台五百里内，奇异之花，开敷如锦，满山遍谷，香气薰馥。每台多有葱韭生。昔者，孝文皇帝住此五台游赏，文殊菩萨化为僧形，从皇帝乞一座具①地，皇帝许之。其僧见许已，敷一座具，满五百里地。皇帝怪云："朕只许一座具地，此僧敷一座具，遍满五台，大奇。朕不要共住此处。"遂以葱韭散五台上，便出山去。其僧在后，将零凌香子散葱韭之上，令无臭气。今见每台遍生葱韭，总不闻臭气；有零凌香满台生茂，香气氛氲。相传云："五台五百里，敷一座具地矣。"

今在南台上，共头陀等数十人同求大圣化现，及夜不见，遂归院宿。初夜，台东隔一谷，岭上空中见有圣灯一盏，众人同见而礼拜。其灯光初大如钵许，后渐大如小屋。大众至心高声唱大圣号。更有一盏灯，近谷现，亦初如笠，向后渐大，两灯相去，远望十丈许。灯光焰然，直至半夜，没而不现矣。

注释

①座具：又作坐具，梵文 Niṣidana 的意译，又译

随坐衣、坐卧具，音译尼师坛、尼师但那。佛教僧尼用的具。据载以布制，长四尺八寸，宽三尺六寸，为僧尼坐时用具，有护身、护衣、护众人床席卧具的作用。也常作为礼拜时的用具。

译文

在金阁寺以西五里有清凉寺，现归南台管辖。五台山亦称清凉山，山中造寺以此寺为始，故称清凉寺，寺中还有清凉石。由头陀义圆领路去南台，没有经清凉寺。出金阁寺三门，沿岭向南，上坡走二十里，便到南台西边。再向东沿南台的南麓走四五里便到台上。台上没有树木，台东南方有供养院。

由供养院往北上坡走三百来步，便到台顶。在台顶的三间堂舍中，安置着文殊菩萨像。佛像用白玉石制作，骑着白玉狮子。台顶细草繁茂，香花间生，遍台芳馥。台体呈西北及东南走向，长岭高低，逶迤远去。东、西、北三面，都是万仞绝壁。由台顶向北望去，可遥见四台历历在目。回头遍观五顶，高圆超然，独秀在众峰之上。千峰百岭，松杉郁茂，参差间出，层峦叠翠。五顶之下，深溪邃谷，深不见底；幽泉碧涧，只闻潺潺之声。异鸟翱翔在众峰之上，展翅凌空，但极少能飞到台顶的。五顶之地，方圆五百里外，四面都有群山环抱，围拥五台有千里之长。观山峰之走向，颇有铜墙铁壁、周遭密匝之势，峰谷重重，不知几重。

由东而到五台山，进山谷走了五百里，高到陡峭的岩峰，低到深幽的涧底，走了七天，才到五台山山地。而其他三个方向也得翻山越岭，才到五台。便知五台确在万山之中心。五百毒龙潜藏山中吐纳风云，四时八节雷雹常常降临。天色乍晴，游人不能看到常晴的景色。每当晴朗时，观看五台，五台呈浅黄之色。忽然，台上出现一丝云彩，不一会，浓云便笼罩了全台。进此山者，自然便生起平等之心。山中所设之斋，不论僧俗、男女、大小，一律平等供养，不问其地位的尊卑，年龄的长幼，都有可能是文殊的化身。

以前，大华严寺设大斋，世俗的男女、乞丐、贫穷寒酸辈都来受供。施主颇为不悦说："翻山越岭到此设斋，本意只是为供养山中众僧，但此辈俗人乞索儿都来用斋，实在不是我的本意。如要供养此辈，只需在本乡设斋即可，何苦千里迢迢赶到这山呢！"众僧们劝他不分道俗都给饭食。

在座的乞食者中有一孕妇，在吃完分给她的食物后，又索要胎中孩儿的那份。施主责骂她，并不施与。那妇人再三说："我肚里的小孩虽没生出，但也是一个生命，为什么不给吃的？"

施主对妇人说:"你好愚蠢,肚里的胎儿虽是一生灵,但他还没出世,你要了饭食,让谁吃呢?"

妇人回答说:"我肚里的孩儿得不到饭食,就是我自己不能吃。"说完便起身离开食堂。刚出堂门,便变作文殊师利菩萨,光芒四射,满堂生辉,皓玉之貌,骑金色狮子,由众菩萨簇拥着腾空而去。食堂会食的众人,数千人连忙赶到,不觉都跪地瞻拜,连声忏谢,悲泣泪雨。齐声称颂大圣文殊师利,直至声竭喉干,终没能使文殊回顾,直至消失。参加斋会的众人,食不甘味,大家人人发愿,从今以后,送供设斋,不管僧俗、男女、老幼、尊卑、贫富,一律平等供养。五台山的风习,因此设平等供养。其余的灵化,亦常有发生,天下都知。

现今的斋会,在食堂中男子一列、妇人一列,有的抱小孩的,孩儿也照例分得一份;童子一列、沙弥一列、大僧一列、尼众一列,都在床上受供养。施主平等施食,有的人分外再要,施主也不责怪他,总是多多少少为他续添。

山中寒冷,五、六、七三个月,全五台山五百里内,奇异之草,开敷如锦,漫山遍谷,香气薰馥。每台多生有葱韭。以前,孝文皇帝住五台山游玩,文殊菩萨化现为僧人,向皇帝乞赐放置一个坐具的地方,皇帝慷慨应允。僧人见皇帝已经应允,便铺设了一个坐具,刚好满五百里地。皇帝惊怪说:"朕只许赐一坐具的地方,不想这和尚铺一坐具,竟敷满了五台之地,真有意思。朕不能再待在这儿了。"于是命令将葱韭籽散在五台上,便离开五台。僧人跟随皇帝之后,将零凌香籽覆散在葱韭上面,让葱韭无臭气。现看到五台遍地是葱韭,而闻不到臭气,这是因有零凌香生遍全台,香气氤氲。所以人们都说:"五台五百里,敷一坐具地罢了。"

在南台上,与头陀等数十人同祈大圣化现,到夜晚仍不见,便归院休息。初夜,台东隔一山谷,在岭上空有圣灯一盏,众人看到后,遥向礼拜。灯光开始大如钵,以后大至小屋。大众虔心高声唱诵大圣的名号。有一盏灯在近谷出现,初大如笠,后渐增大,两灯相距,遥看有十丈多。灯光灿然,直到半夜,才隐没不见。

原典

（七月）三日,斋后共头陀等同为一行。头陀云:"相送直到汾州,在路与作主人。"从台顶向南下行十七里许,于谷里有一院,屋舍破落无人,名为七佛教诫院。院额题云"八地超兰若"。日本僧灵仙曾居此处身亡。渤海僧贞素哭灵仙上人诗于板上书,钉在壁上。写之如后:

哭日本国内供奉大德灵仙和尚诗并序

渤海国僧贞素

起余者谓之应公矣。公仆（朴）而习之，随师至扶桑①，小而大之，介立见乎缁林②。余亦身期绛物③，负笈来宗霸业④。元和八年，穷秋之景，逆旅相逢。一言道合，论之以心素。至于周恤，小子非其可乎。居诸未几，早向鸰原，鹡鸰之至，足痛乃心。此仙大师是我应公之师父也。妙理先契，示于元元。

长庆二年，入室五台。每以身厌青瘀之器⑤，不将心听白猿之啼。长庆五年，日本大王远赐百金，达至长安。小子转领金书，送到铁勤。仙大师领金讫，将一万粒舍利、新经两部、造敕五通等嘱咐小子，请到日本，答谢国恩，小子便许。一诺之言，岂惮万里重波，得遂钟无外缘⑥，期乎远大。临回之日，又附百金。以大和二年四月七日却到灵境寺，求访仙大师。亡来日久，泣我之血，崩我之痛。便泛四重溟渤，视死若归⑦，连五同行李，如食之顷者，则应公之原交所致焉。吾信始而复终，愿灵凡分表悉。空留涧水，呜咽千秋之声，仍以云松，惆怅万里之行。四月莫落如一，首途望京之耳。

不航尘心泪自涓，情因法眼⑧奄幽泉。

明朝傥问沧波客，的说遗鞋白足还。

大和二年四月十四日书

于小窟中安置七佛像。当窟户有一堂，堂南边有一小庵室，于堂下有二屋，并破落。庭地荒芜而无人。昔于此窟前七佛现矣。

南行三里许，到大历灵境寺。向老僧问灵仙三藏亡处，乃云："灵仙三藏先曾多在铁勤兰若及七佛教诫院。后来此寺，住浴室院。被人下药敛（杀），中毒而亡过。弟子等埋殡，未知何处。"云云。

于寺三门两边，有圣金刚菩萨⑨像。昔者于太原、幽、郑等三节度府，皆现金刚身，自云："我是楼至佛⑩，身作神，护佛法。埋在地上，积年成尘。再出现，今在台山灵境寺三门内。"三州节度使惊怪，具录相貌，各遣使令访。有二金刚在寺门左右，其形貌体气，一似本州所现体色同。其使却到本道报之，遂三州发使来，特修旧像。多有灵验，具如碑文，写之在别。

近三门侧乾角，有山榆树，根底空豁成窟，名曰圣钟窟。窟中时时发钟响，响发之时，山峰振动。相传云斯是大圣文殊所化也。相传呼为圣钟谷。寺之正东，去寺十来里有高峰，号为宝石山。窟中多有小石，每石现圆光、摄身光、五色云，此亦圣人化现所致也。

四日，斋后，向西南入谷逾岭，行十五里，到大历法花寺。重阁于峻崖上建立，四方涯面，尽是花楼宝殿。任地高低，堂舍比栉。经像宝物，绝妙难言。巡观诸院，次入法花院，见神道和尚⑪影。此和尚在生，依天台法花三昧行法修行，长念《法花经》，四十三年不出院，感得六根清净⑫，迁化数年矣。其影及所持《法花经》及三昧行法，并证得三昧坐处大椅子，并今见在。从法花寺西北十五里有佛光寺。……

注释

①**扶桑**：一作浮桑、搏桑，指日本。

②**缁林**：与缁徒、缁门、缁流同义，僧侣的衣服。缁，黑色。这里指僧徒。

③**绛物**：去掉华美，崇尚实际之意。

④**霸业**：指佛教中的论辩之法。又赖肖尔认为业是叶之误，霸与贝相类而判作贝叶。（参小野胜年《入唐求法巡礼行记研究》法藏馆第三卷，一三三—一三四页）

⑤**青瘀之器**：瘀，疾病。肉体腐烂阶段的青瘀之相。即九相（一作九想），于人之尸想起九种观想。

⑥**无外缘**：指全是佛缘，此外别无他缘。

⑦**视死若归**：归即归命，身命归趣于佛之义。

⑧**法眼**：五眼之一，指佛教观察事物、认识真理的一种智慧。亦指用以观察问题的特种观点。其中为某一宗派所尊崇并构成该宗派特点的观点，称为正法眼。

⑨**金刚菩萨**：即普贤菩萨，梵文 Vajra-sattva，又作金刚萨埵。

⑩**楼至佛**：又作卢至佛、楼由佛、卢遮佛。梵文 Rucika，贤劫千佛中的最后之佛，又叫爱乐佛或啼哭佛。

⑪**神道和尚**：小野胜年作"神通和尚"，并称神通系神英之误。

⑫**六根清净**：六根是梵文 Ṣaḍindriya 的意译，指眼、耳、鼻、舌、身、意等具有能取相应的六境，生长相应的六识的六种功能。被认为是心所依者，是有情本，亦名六情。或说将眼等五根分成两种，生理器官叫扶尘根，以四大为体，对取境生识只起扶助作用；实际起取境生识作用的叫胜义根，以四大所生净色为性。第六根意根为意界。六根是生死之根，解脱生死要凭借六根，由此入门超脱生死，就必须清除六根的污垢，修持布施、持戒等种种功德，以达六根清净的境界。六根清净便身心安逸旷达。

译文

（七月）三日，斋后和头陀等同行。头陀说："送师父们到汾州，一路上作为主人照顾师父们。"由台顶向南下坡走十七里多，在山谷中有一院，屋舍颓败无人居住，名为七佛教诫院，院匾题曰"八地超兰若"。日本僧灵仙就是居此处寂灭的。有渤海国僧人贞素悼灵仙上人的诗，书于板上，钉在墙壁上。抄写如后：

哭日本国内供奉大德灵仙和尚诗并序　　渤海国僧贞素

　　我的启蒙教师是应公。随应公学习，来到日本，从小到长大成人，厕身缁林。我既是佛门中人，来此亦欲习论辩之学。元和八年（公元八一三年），深秋之时，与公相逢于旅途中。一见倾心，关照极周密，真有不敢担当之宠。居住不久，即各奔前程，依依惜别。灵仙大师实为应公的老师。将奥妙之道理，昭示于众生。

　　长庆二年（公元八二二年），入五台。专心于佛法，不分时节的变换。长庆五年（公元八二五年），日本大王赐来百金，送到长安。在下代为领金书，送到铁勤供养院。灵仙大师领金后，将一万粒舍利、新经两部、造敕五通等托付在下，送往日本答谢王恩，在下应诺。一诺之下，哪怕万里重波，为完成这无外缘，实有远大的寄托。在即将上路时，又附上百金。大和二年（公元八二八年）四月七日到灵境寺，拜访仙大师。大师亡化已有多时了，泣血之痛，实难言表。即使远涉万顷波涛，亦视死如归，行万里之途视若等闲，皆因这是应公的交往之厚啊！我开始相信有始而复终了，但愿灵魂能再现。空留涧水长流乃鸣咽千秋之声，云松常在乃惆怅万里之行。时值四月，作于望京之途。（诗云：）

不航尘心泪自涓，情因法眼奄幽泉。

明朝傥问沧波客，的说遗鞋白足还。

大和二年（公元八二八年）四月十四日写

在小窟中安置有七个佛像。当窟户有一堂，堂南有一小庵室，堂下有两间房舍，都极破败。庭院荒芜而无人烟。过去在此窟前曾有七佛化现。

往南走三里多，到大历灵境寺。向寺中老宿打听灵仙三藏寂灭处，他告诉说："灵仙三藏原先曾在铁勤兰若和七佛教诫院。后来到此寺，住浴室院。系被人下药毒死。弟子等为其殡葬，不知埋在哪儿。"

在寺的三门两边，有圣金刚菩萨像。过去的太原、幽、郑三处节度府都化现过金刚身，自称："我是楼至佛，身为神，护佛法。埋在地中，成年累月积满尘土。今再出现，在五台山灵境寺三门内。"三州节度使十分惊怪，详写相貌，各各派使者去察访。见有二金刚在灵境寺寺门左右，形貌体气，与本州所现无异。使者们回本州详报后，三州一齐来使，修葺旧像。灵验之事所在不少，具体的可见碑文，已录在别处。

近三门的南侧，有山榆树，根部空洞成窟穴，名叫圣钟窟。窟中时时传来钟声，洪亮的钟响，山峰也为之震动。相传是文殊菩萨化现所在。此窟传闻名之"圣钟谷"。寺正东方向十来里有高峰，名叫宝石山。窟中有小石头，石头上常有圆光、摄身光、五色云，这也是圣人化现的结果。

四日，斋后，从西南进山谷翻过岭，走了十五里到大历法华寺。重阁修建在峻崖之上，四方涯面，尽是花楼宝殿。随地势的高低，堂舍鳞次栉比。经像宝物，绝妙难以形容。巡观各院，接着到法华院，看到神道和尚的像。神道和尚在世时，依照天台法华三昧行法修行，长年诵《法华经》，四十三年没有出院门，感得六根清净，已经迁化数年了。其影像和持念所用的《法华经》、三昧行法，及证得三昧坐处的大椅子，现今犹存。由法华寺往西北十五里，有佛光寺。……

原典

六日，早发，向西南行五里许，向南遥望高岭，岩顶巉巚，中心有一大孔，透见那畔之空。其孔远见如笠子许大，斯乃孝文帝射箭透过之处。

向西南行七里许，到思阳岭。昔仪凤元年，西天梵僧佛陀波利来到此处，雨泪遥礼台山，感得大圣化为老人，约令却回天竺取佛顶之处，今见建宝幢。幢上著《佛顶陀罗尼》及《序》，便题波利遇老人之事。

从思阳岭西南行十三里到大贤岭，于普通院断中。路从岭上过，当岭头有重山门楼，此乃五台南山门也。

斋后，向西南行五里许，到代州所管五台县。向西南行卅里，过胡陀河，到建安寺宿。……

十八日，南天竺三藏法达边，写取五台山诸灵化传碑等。

十八日，欲向长安发去，头陀僧义圆见雇博士，自出帔繝子一领，画"五台山化现图"，拟付传日本国。为待画毕，不得发去。……

廿六日，画"化现图"毕。头陀云："喜遇日本国三藏，同巡台，同见大圣化现。今画'化现图'一铺奉上，请将归日本供养，令观礼者发心，有缘者同结缘，同生文殊大会①中也。"

斋后，辞别院中众僧，始向长安去。头陀云："余本心欲送和尚直到汾州，在路作主人。今到此间，勾当事未了，不免停住十数日间，不遂本请。"云云。

同巡台僧令雅云："余欲得送和尚向长安去。"

头陀嘱云："替余勤勾当行李，努力侍奉，莫令远客在路寂寞。"便为同行发。

头陀云："相送同出城，共巡礼西山去。"

便同出城西门，向西行三四里，到石山，名为晋山。遍山有石炭，近远诸州人尽来取烧，修理饭食，极有火势。见乃岩石燋化为炭，人云天火所烧也。窃惟未必然，此乃众生果报②所感矣。

山门有小寺，名为石门寺。寺中有一僧，长念《法花经》已多年，近日感得舍利见，倾城人尽来供养。僧俗满寺，不知其数。得舍利之初源者，念经僧夜于房中坐念经，有三道光明来照，满房晖明而遍照寺。寻光来处，从寺西当岩底出来，每夜照室及寺院。其僧数日之后，寻光到岩所，掘地深一丈余，得三瓶佛舍利。青琉璃瓶里有七粒舍利，白琉璃瓶中有五粒舍利，金瓶之中有三粒舍利，擎来安置佛殿中供养。太原城及诸村贵贱男女，及府官上下，尽来顶（礼）供养。皆云是和尚持《法花经》不可思议力③所感得也。从城至山，来往人满路稠密，观礼奇之。

从石门寺向西上坂行二里许，到童子寺，慈恩台法师④避新罗僧玄测法师，从长安来始讲《唯识》⑤之处也。于两重楼殿，满殿有大佛像，见碑文云："昔冀州礼禅师来此山住，忽见五色光明云，从地上空而遍照。其光明云中有四童子坐青莲座游戏，响动大地，岩巘颓落。岸上崩处，有弥陀佛像出现。三晋尽来致礼，多有灵异。禅师具录，申送请建寺，遂造此寺。因本瑞号为童子寺。敬次镌造弥陀佛像，出现颜容颢，皓玉端丽、跌座⑥之体，高十七丈，阔百尺。观音、大势各十二丈。"云云。

注释

①**文殊大会**：指文殊所住的世界。

②**果报**：梵文Vipāka，意译异熟，即指依业因而得的果报。

③**不可思议力**：不可思议指事物中难以理解、无法表达、出乎常情者。大乘经中有此语，通常都认为佛力是最不可思议的。《维摩结经·不思议品》曾载，获得不可思议解脱的菩萨能把高广的须弥山装入一粒芥子中，而且须弥山的大小形状都不变，山上的四天王、忉利天王等也都完全不知道他们已经随须弥山装入芥子了。

④**慈恩台法师**：即慈恩窥基法师（依小野胜年说）。窥基（公元六三二—六八二年），俗姓尉迟，字洪道，唐右金吾卫将军尉迟敬宗之子，京兆长安（今陕西西安）人。十七岁出家，奉敕为玄奘弟子，原住广福寺，后移住大慈恩寺，从玄奘学习梵文和佛教经论。二十五岁参加玄奘译场，后从事著述。二十八岁参译《成唯识论》并作述记，详加解释。又从玄奘学因明学。曾从玄奘笔受《辩中边论》《二十唯识论》等，并著有《瑜伽师地论略纂》等十四部，号称"百部疏主"。因常住大慈恩寺，世称"慈恩大师"。

⑤《唯识》：即《成唯识论》，法相宗所依据的重要论书之一。古印度护法等唯识十大论师对世亲所著《唯识三十颂》各作注释。玄奘从窥基之议以护法的观点为主，糅译十家学说集成此书。其意是论证世界的本源是阿赖耶识，世界万有是唯识所变，此外无外境只有内识。窥基曾撰有《成唯识论述记》二十卷和《成唯识论掌中枢要》四卷，其弟子慧沼有《成唯识论了义灯》十三卷。

⑥跏趺座：放足背于腿上称跏趺座。有全跏趺座与半跏趺座之分。结跏趺座为圆满之相。

译文

六日，早晨出发，往西南走了五里多，向南遥见高岭，在岩顶的绝壁上，中间有一个大孔，能看到那边的天空。那个孔老远看去像笠子那么大，这是孝文帝射箭穿透的地方。

往西南走七里多，到思阳岭。在仪凤元年（公元六七六年），西天梵僧佛陀波利来此地，泪泣如雨遥礼五台山，感得文殊大圣化身为老人，让佛陀波利回天竺去。佛陀波利所取佛顶处，现建有宝幢供养。幢上镌刻《佛顶陀罗尼》及《序》，并记有波利遇见老人之事。

由思阳岭往西南走十三里便到大贤岭，在普通院用午斋。路在岭上，在岭口有重山门楼，这是五台山的南山门。斋后，向西南走五里多，到达代州所管的五台县。再向西南走三十里，过胡陀河（滹沱河），在建安寺住宿。……

十八日，在南天竺三藏法达处抄写五台山诸灵化传碑等。

十八日，拟去长安，头陀僧义圆自出被袄一件代为雇博士，画"五台山化现图"，准备传往日本国。为等此图画完，不能出发。……

二十六日，"化现图"画完。头陀说："有幸得遇日本国三藏，并同巡五台，同见大圣化现。今画'化现图'一幅谨奉上，请收下带往日本供养，让观礼者发心，有缘者结缘，同生文殊大会中。"

斋后，告别院中众僧开始向长安出发。头陀说："我原本是想送师父们到汾州，一路照料。现到这儿，刚好有些事情未办完，还得在此住十多天，所以不能如愿了。"

一起巡礼五台的令雅和尚说："我想将师父们送到长安。"

头陀再三叮嘱说："烦你代我尽职，多多照顾他们，尽心侍候，不要让远道来的客人有不便之处。"便一起出发。

头陀说:"送师父们出城,一起去巡礼西山。"

一同出城西门,向西走了三四里,到一石山,名为晋山。满山是石炭,远近各州的人都来取去烧用,用它来做饭,火势极旺。看到才知是岩石燋化成为炭,人们都说是天火烧的。我认为未必这样,这是众生果报所感化成的。

山门有一小寺,名石门寺。寺中有一僧人,常念《法华经》已经多年了,近来感化得到舍利,全城人都来瞻礼供养。僧俗人等挤满了小寺,不计其数。得舍利之初缘,是念经僧在夜房中坐着念经,忽然射来三道光,满房生晖,遍照全寺。寻找光的来源处,发现是由寺西岩底发出的,每天夜里便照亮夜房和全寺院。该僧人在数日后寻光到岩边,挖地一丈多得到三瓶佛舍利。青琉璃瓶中有七粒舍利,白琉璃瓶中有五粒舍利,金瓶中有三粒舍利,于是捧出来放到佛殿中供养。太原城及各村的贵贱男女,官府的大小官吏,都前来顶礼供养。大家都说这是和尚持念《法华经》不可思议力而感化得来的。由城里到山上,路上人流络绎不绝,前来瞻礼奇宝。

从石门寺向西上坡走二里多,到童子寺,这是慈恩寺的窥基法师为躲避新罗僧人玄测(圆测)法师,从长安到这儿开始讲《唯识》的地方。两重的楼殿,全是大佛像，碑文说："以前冀州的宏礼禅师（一作弘礼禅师）曾在此山住，忽见五色光明云从地上升到空中，遍照全寺。在光明云中有四个童子坐在青莲座上嬉戏，响声震撼大地，岩巚为之颓落。山崖崩落处，露出了弥陀佛的像。三晋的人们都来瞻礼，并常有灵异出现。禅师一一记下，上呈请求建立寺院。于是建了此寺，并因其本瑞，题名为童子寺。敬镌造弥陀佛像，面容明丽、皓玉端庄，趺座之体，高十七丈，宽百尺。观音、大势各有十二丈。"

4　长安求法

原典

（八月）廿三日，斋后，到左街功德巡院[1]，见知巡押衙、监察侍御史姓赵名炼，通状，请寄住城中诸寺寻师。状文如下：

日本国求法僧圆仁、弟子僧惟正、惟晓、行者丁雄万，并连青州公验白。

右圆仁等去开成三年，随朝贡使来寻访佛教。今年三月请青州公验，入五台山礼谒圣迹，遂到此间，拟学圣法。伏请寄住城中寺舍，寻师听学。谨具如前，伏听处分。帖件状如前。谨牒

开成五年八月廿三日

日本国求法僧圆仁牒

知巡侍御差巡官一人，领僧等于资圣寺安置。……

（九月）六日早朝，当院僧怀庆持念为业，将佛舍利五粒来令礼拜，语曰："如要持秘法②，余能知一城内解大法人。青龙寺润和尚但解胎藏③，深得一业，城中皆许好手。彼寺虽有西国僧，未多解语，持念之业，不多苦解。大兴善寺文悟阇梨解金刚界，城中好手。青龙寺义真和尚兼两部。大兴善寺有元政和尚深解金刚界，事理相解。彼寺虽有西国难陀三藏，不多解唐语。大安国寺有元简阇梨，解金刚界好手，兼解悉昙④、解画、解书梵字。玄法寺法全和尚深解三部大法。新天子新造一寺，在宣阳坊，未赐寺额，是元和上太后所建也，今上与太后别敕新造，敕城中诸寺简择五十余僧配入此寺。……

十月十三日，差惟正共怀庆阇梨遣青龙寺，令见知法人。于东塔院有义真和尚，解胎藏，日本国行阇梨于此学法。更有法润和尚，解金刚界，年七十三，风疾老耄。

十六日，遣大兴善寺，令简择知法人。翻经院有元政阿阇梨解金刚界，持念文书备足。天竺难陀三藏不多解唐语。文悟阇梨不及于政阿阇梨。

十七日，遣状起居政阿阇梨，兼借请念诵法门：

久藉芳猷,未因接展。钦仰之诚,难以喻言。昨辱荣问,殊慰愚情。孟冬渐寒,伏惟和尚道体动止万福。圆仁远辞本缘,访寻佛教,游到城中,未有服勤。伏承和尚德尊道高,究畅法藏,开演真教。圆仁虽未顶谒,殊仰道风。伏以客事,不获专诣。勤慕空积,奉颜未间,但增驰结。谨遣弟子僧惟正奉状代身。不宣。谨状

开成五年十月十七日

日本国僧圆仁状上

兴善寺政和尚_{法前谨空}

于赤山寺梦见买得秤一具。其卖秤人云:"此是秤定三千大千世界轻重之秤也。"闻语奇欢云云。借得念诵法门。

十八日,始写。

廿九日,往大兴善寺,入敕翻经院,参见元政和尚,始受金刚界大法。入敕置灌顶道场,礼诸大曼荼罗,设供养,受灌顶。又翻经堂壁上画金刚智和尚及不空三藏影。于翻经堂南,有大辨正广智不空和尚舍利塔。金刚智⑤、不空二三藏曾于此院翻经也。

开成五年十二月廿九日夜,梦见画金刚界曼荼罗到本国,大师披其曼荼罗,极大欢喜。拟礼拜大师,大师

云："我不敢受汝礼拜，我今拜汝。"云云。殷勤欢喜画曼陀罗来。……

（十一月）廿六日，冬至节。僧中拜贺云："伏惟和尚久住世间，广利（和）众生。"腊下⑥及沙弥对上座说，一依书仪之制。沙弥对僧，右膝着地，说贺节之词。吃粥时，行馄饨、果子。

十二月八日，准敕诸寺行香设斋。当寺李德裕宰相及敕使行香，是大唐玄宗皇帝忌日也。总用官物设斋，当寺内道场三教谈论大德知玄法师表赞。

廿二日，令永昌坊王惠始画金刚界大曼荼罗四幅。

廿五日，更则入新年。众僧上堂吃粥、馄饨、杂果子。众僧吃粥间，纲维、典座、直岁一年内寺中诸庄及交易并客料诸色破用钱物帐，众前读申。

注释

①左街功德巡院：左街指长安朱雀大街以东的区域。属万年县管辖。功德巡院是功德使的署衙，功德使始设于中宗时，并非常设的正式官职，通常是因某项功德而设，由僧人充任。代宗朝，由于李元琮等禁军统领充任了此职，而渐渐代替了祠部管理僧尼的事务，但仍非正式的常设官职。因有外官与内官分别充任的情形，所以有内外功德使之分。且此时还有由僧人充任为完成

某项临时性功德任务而委任的功德使。贞元四年（公元七八八年）复置有左右街功德使、东都功德使、修功德使等，为常设的总僧尼之籍及功役的正式官职。元和二年（公元八〇七年）以来，职权扩至统管天下僧尼。（参汤一介：《功德使考》，载北京图书馆《文献》一九八五年第二期）

②**秘法**：密教之法，与显教相对而言。

③**胎藏**：指佛教密宗之法。

④**悉昙**：梵文 Siddhaṃ 的音译，又译悉谈，意为成就、吉祥。古印度的梵字，相传为梵天所造，共四十七个字母，其中包括摩多（母音，即元音）十二个，体文（父音，即辅音）三十五个。佛教，特别是密教，赋以梵字的字母以深深的寓意，用于宗教的目的，使其在语义学以外得到发展。

⑤**金刚智**：梵文 Vajrabodhi（公元六六九—七四一年），密宗创始人之一，与善无畏、不空并称开元三大士。南天竺摩赖耶国人，属婆罗门种姓。传本为中天竺国王伊舍那靽摩第三子，后因受南天竺国王派遣入唐传法，遂称南天竺人。十岁于那烂陀寺出家，向寂静智学《声明论》。十五岁往西天竺学法称的因明，后回那烂陀寺。二十岁受具足戒，后学大小乘律，又学《般若灯论》《百论》《十二门论》。二十八岁于迦毗罗卫向胜贤

论师学《瑜伽师地论》《唯识论》《辩中边论》。三十一岁往南天竺，从龙智学《金刚顶瑜伽经》等密教经典，自此专心于密教，后游师子国，入无畏山寺礼佛牙，登楞伽山，参拜佛迹。又回南天竺，应王之请到中国传法。开元七年（公元七一九年）携弟子不空到广州，次年到洛阳，后入长安。所住之刹，必建曼荼罗道场。开元年间先后于资圣寺译出《佛说七俱胝佛母准提大明陀罗尼经》《金刚顶瑜伽中略出念诵经》等密宗经典。卒后，唐玄宗敕谥国师称号，唐代宗又追赐开府仪同三司，并赐号大弘教三藏。

⑥腊下：比丘受戒后，终三旬之安居名腊。出家之年岁与俗家异，以受戒以后之安居数为年次。腊下即未受戒之人。

译文

（八月）二十三日，斋后，到长安左街功德巡院，拜见知巡押衙、监察侍御史大人，大人姓赵名炼。递状，请求寄住城中各寺寻师学法。其状如下：

日本国求法僧圆仁、弟子僧惟正、惟晓、随从丁雄万，并附青州旅行证明书。

圆仁等于开成三年（公元八三八年）随日本国朝贡

使船来唐国寻访佛教。今年三月在青州取得旅行公验，到五台山礼谒圣迹，后到此地，想学习佛法。请求允许寄住在城中寺舍，以便寻师问学。特此申请，请予以批准。附件如前。谨呈

开成五年（公元八四〇年）八月二十三日

日本国求法僧圆仁谨拜

知巡侍御派巡官一人，将僧等安置在资圣寺。……

（九月）六日早晨，持念为业的当寺僧怀庆请来佛舍利五粒让我们礼拜，并告诉说："若要学持秘法，我略知城中有几位解大法的师僧。青龙寺的润和尚只解胎藏，深得一业，城中誉为好手。该寺虽然有西国蕃僧，但因言语不通，持念的力业，并不能很好地理解。大兴善寺的文悟阇梨解金刚界，是城中的好手。青龙寺的义真和尚，通胎藏、金刚两部。大兴善寺另有元政和尚深解金刚界，能结合事、理解说。该寺虽有西国难陀三藏，可惜不会唐语。大安国寺的元简阇梨，是解金刚界的好手，并通悉昙（梵字）、懂画、能写梵字。玄法寺的法全和尚精通三部大法。新天子敕新造了一寺，位于宣阳坊，尚没赐寺名，这是元和上太后建造的。今上（皇帝）和皇太后又另敕新造，并命长安城中各寺选五十余僧人分配到此寺中。"……

十月十三日，派惟正随怀庆阇梨去青龙寺，拜见知解密法之人。在东塔院的义真和尚能解胎藏之法，日本国的圆行阇梨曾跟随他学法。另有法润和尚能解金刚界，年七十三，已是风烛老耄了。

十六日，派惟正等往大兴善寺访求懂密法之人。翻经院有元政阿阇梨，善解金刚界，持念文书一应俱全。天竺难陀三藏所懂唐语不多。文悟阇梨道行不及政阿阇梨。

十七日，写信问候政阿阇梨，向他请安，并借请念诵法门：

久仰阇梨威名，惜没能面睹请教。然钦仰之情，难以言表。日前承蒙贵问，愚受宠若惊。时日趋寒，请师父万安。圆仁背井离乡，来大唐寻访佛教，游学长安，尚未能勤学。伏承大师道高德尊，精通法藏，望为开演真教。圆仁虽没亲炙顶谒，然钦慕道风已非一日。碍于身在客中，诸多不便，不能亲聆教诲。但使倾慕之意徒增。今谨遣弟子僧惟正持状代身，前往拜谒，余不一一赘述。谨奉

开成五年（公元八四〇年）十月十七日

日本国僧圆仁谨上

致（大）兴善寺政和尚_{法前谨空}

在赤山寺梦见买了一杆秤。卖秤人说："这是秤定三千大千世界轻重的秤啊。"听了极为高兴。由政阿阇梨处借得了念诵法门。

十八日，开始抄写念诵法门类的内容。

二十九日，去大兴善寺，到敕置的翻经院参见元政和尚，开始受学金刚界大法。又进敕置的灌顶道场，礼谒诸大曼荼罗，设置供养，接受灌顶。还在翻经堂的墙壁上画金刚智和尚与不空三藏的像。翻经堂的南边有大辩师正广智不空和尚的舍利塔。金刚智、不空三藏曾在此院翻译过经书。

是夜，梦见携所画金刚界曼荼罗回到日本，最澄大师披阅此曼荼罗后，十分欢喜。本要礼拜大师，大师说："我不敢受你的礼拜了，我现在要拜你了。"对带回曼荼罗的事特别高兴。……

（十一月）二十六日，冬至节。僧界互相拜贺说："愿师父久住人间，广利众生。"腊下和沙弥对上座僧的贺词一依辞仪轨的形式。沙弥对僧人贺节，须右膝着地，讲贺节的吉祥之词。吃粥时，有馄饨、果子。

十二月八日，准敕各寺在本寺行香设斋，李德裕宰相和敕命使到各寺行香，这是为唐玄宗皇帝忌日而设的斋。设斋均用官家之物，本寺的内道场三教谈论大德知玄法师主持表赞。

二十二日，拜托永昌坊王惠开始画金刚界大曼荼罗四帧。

二十五日，改换例则过新年。众僧一齐上堂，吃粥、馄饨、杂果子。众僧吃粥时，纲维、典座、直岁将一年以来，本寺各庄的收益、交易所得及来客巡礼者所用钱物的账目，一一在众僧面前宣读。

原典

开成六年辛酉正月一日，僧俗拜年寺中。

三日，有饭供僧。

四日，国忌，奉为先皇帝，敕于荐福寺令行香，请一千僧。……

九日，五更时，拜南郊了，早朝归城，幸在丹凤楼。改年号，改开成六年为会昌元年。及敕于左、右街七寺开俗讲①。左街四处：此资圣寺，令云花寺赐紫大德海岸法师讲《花严经》；保寿寺，令左街僧录、三教讲论、赐紫引驾大德体虚法师讲《法花经》；菩提寺，令招福寺内供奉、三教讲论大德齐高法师讲《涅槃经》；景公寺，令光影法师讲。右街三处：会昌寺，令内供奉、三教讲论、赐紫引驾起居大德文溆法师讲《法花经》，城中俗讲，此法师为第一；惠日寺、崇福寺讲法师未得其名。

又敕开讲道教，左街令敕新从剑南道召太清宫内供奉矩令费于玄真观讲《南花》等经；右街一处，未得其名，并皆奉敕讲。从太和九年以来废讲，今上新开。正月十五日起首，至二月十五日罢。

二月八日，金刚界曼荼罗帧画了。又敕令章敬寺镜霜法师于诸寺传阿弥陀净土念佛教。廿三日起首，至廿五日，于此资圣寺传念佛教。又巡诸寺，每寺三日，每月（日）巡轮不绝。又大庄严寺开释迦牟尼佛牙供养。从三月八日至十五日，荐福寺开佛牙供养。

蓝田县从八日至十五日，设无碍茶饭，十方僧俗尽来吃。左街僧录体虚法师为会主，诸寺赴集。各设珍供，百种药食，珍妙果花，众香严备，供养佛牙，及供养楼廊下敷设，不可胜计。佛牙在楼中庭，城中大德尽在楼上，随喜赞叹。举城赴来，礼拜供养。

有人施百石粳米、廿石粟米；有人施无碍供馉头足；有人施无碍供杂用钱足；有人供无碍薄饼足；有人施诸寺大德老宿供足。如是，各各发愿布施，庄严佛牙会，向佛牙楼散钱如雨。求法僧等十日往彼随喜，登佛牙楼上，亲见佛牙，顶戴礼拜。兼入翻经院，见义净三藏[②]影。壁上书三藏摩顶松树。街西兴福寺，亦二月八日至十五日开佛牙供养。崇圣寺亦开佛牙供养。

城中都有四佛牙：一、崇圣寺佛牙，是那吒太子[③]

从天上将来与终南山宣律师④；一、庄严寺佛牙，从天竺入腿肉里将来，护法迦毗罗神⑤将护得来；一、法界和尚⑥从于阗国将来；一、从土蕃将来。从古相传如此，今在城中四寺供养。

二月十三日，受金刚界大法毕。供养金刚界曼荼罗及受传法灌顶，以五瓶水⑦灌于顶上。至夜，供十二天⑧。每事吉祥。兼登慈恩寺塔⑨。

十五日，兴唐寺奉为国开灌顶道场，从十五日至四月八日，有缘赴来，结缘灌顶。

注释

①俗讲：中国佛教的讲经仪式。与六朝时的斋讲相似，应用转读、梵呗和唱导来作佛经的通俗讲演。俗讲开始时，只有讲经文一类的话本，后来渐采民间流行的说唱体如变文之类，以增强其化俗的作用。据巴黎图书馆所藏敦煌卷子，俗讲的仪式有作梵、礼佛、唱释经题、说经本文、回向、发愿等，与讲经仪式无殊，唯多说押座一式。参加俗讲的也有法师和都讲。俗讲的话本，据敦煌所出作品分类，共有讲经文、押座文、俗文三类。俗讲盛行于文宗时代（公元八二六—八四〇年）。长安为俗讲的中心，定时奉敕举行；各地方寺院也大都在春秋及夏（或冬，即正、五、九等三长斋月）各有举

行。圆仁的记载非常珍贵，常被研究者引用。

②**义净三藏**：（公元六三五—七一三年）中国佛教四大译经家之一。俗姓张，齐州（今山东历城）人，一说范阳（今北京）人。唐咸亨二年（公元六七一年）由海道往印度求法，巡礼鹫峰、鸡足山、鹿野苑、祇林精舍等佛教圣迹后，到那烂陀寺学习大小乘佛教。历时二十多年，游历三十余国，于证圣元年（公元六九五年）带梵本经、律、论约四百部回到洛阳，武则天亲迎之。旋从事译经。一度参加实叉难陀译场译八十卷《华严经》，后在洛阳、长安主持译事。先后译有《金光明最胜王经》《大孔雀咒王经》《佛为胜光天子说王法经》《药师琉璃光七佛本愿功德经》《浴像功德经》《称赞如来功德神咒经》《根本说一切有部毗奈耶》《法华论》等经、律、论六十一部，二百三十九卷。在印度归途中，撰有《南海寄归内法传》和《大唐西域求法高僧传》等。

③**那吒太子**：梵文 Nalakūvara 或 Nalakūbara 音译之略，全称那吒俱伐罗，亦译那罗鸠婆。传为毗沙门天王（多闻天王）之子，佛法保护神，其形象，一说为三头六臂。又中国宋代《五灯会元》有哪吒析肉还母，析骨还父事。明清时的《西游记》《封神演义》小说中亦有此人物，名哪吒。

④**终南山宣律师**：即道宣（公元五九六—六六七

年），律宗三派之一南山宗的创始人。俗姓钱，润州丹徒（今属江苏省）人，一说长城（治今浙江长兴）人。十五岁依智首、慧頵律师受业，十六岁落发，入日严道场。隋大业（公元六〇五—六一六年）年间从智首律师受具足戒，后听其讲《四分律》四十遍。唐武德九年（公元六二六年）撰《四分律删繁补阙行事钞》三卷。贞观元年（公元六二七年）撰《四分律拾毗尼义钞》三卷。六年到邺向法砺咨问律学，又撰《四分律含注戒本疏》三卷、《四分律删补随机羯摩疏》二卷。十六年入终南山丰德寺，翌年撰《比丘尼钞》三卷，后即长居此山。曾为长安西明寺上座，参加玄奘译场，负责润文。著述甚众，除律学外，尚有《广弘明集》三十卷、《续高僧传》三十卷、《古今佛道论衡》四卷、《大唐内典录》十卷、《集神州三宝感通录》《道宣律师感通录》一卷、《释迦氏谱》一卷。因常住终南山研究，弘传戒律，世称南山律师。

⑤**迦毗罗神**：梵文 Kapila，又作迦比罗、迦毗梨、劫毗罗。意为黄头赤色。数论派之祖，立二十五谛之义。

⑥**法界和尚**：即悟空，唐京兆云阳（今陕西泾阳）人，俗姓车，生于开元十九年（公元七三一年），天宝十年（公元七五一年）随张韬光一行使罽宾，充左卫。既毕使命将归，病不能随，乃留该国，后疾渐愈，遂投

三藏舍利越魔落发，号达摩驮都，译曰法界。此后在中亚、印度求法约四十年，贞元五年（公元七八九年）随使段明秀归国，进佛舍利及所译经，奉敕正度，赐名悟空，后不知所终。敕使翻经三部十一卷，编入《贞元录》。

⑦**五瓶水**：放在灌顶坛的中央和四隅的五个宝瓶称五瓶，表示五佛、五智。灌顶时瓶中注入香水，五瓶外用白、黄、红、青、黑五种颜色的花（通常为绢花）装饰，以示向受者之顶灌如来五智之水。

⑧**供十二天**：即十二天法，十二天的供养仪式。十二天指护世天部十二尊，总摄一切天龙、鬼神、星宿、冥官、担当八方上下昼夜供养保佑国土安泰。这十二天是帝释天（东方）、火天（东南方）、焰摩天（南方）、罗刹天（西南方）、水天（西方）、风天（西北方）、多闻天（北方）、伊舍那天（东北方）、梵天（上方）、地天（下方）、日天（昼）、月天（夜）等。密宗的一种仪式。

⑨**慈恩寺塔**：唐贞观二十二年（公元六四八年），太子李治为追念其母文德皇后而建。高宗永徽三年（公元六五二年），玄奘为存放从印度取回的佛经，向朝廷建议修造慈恩寺塔。塔名来自印度佛教故事，有一位菩萨曾化身为鹰，舍身布施，后人葬以建塔，因名鹰塔。原仅五层，武则天长安（公元七〇一——七〇四年）年间加高为十层，经兵火，只存七层。塔底层南门两侧，嵌

有唐太宗撰《大唐三藏圣教序碑》和唐高宗所作序文，由书法家褚遂良书写。塔的门楣有石刻浮雕及线刻佛像殿堂图。现高六十四米，名大雁塔，位于陕西省西安市和平门外。

译文

开成六年（公元八四一年）正月一日，僧俗在寺中相互拜年。

三日，有饭食供给诸僧。

四日，国忌（唐文宗逝世）之日，奉敕为先皇帝于荐福寺行香，设斋供养一千位僧众。……

九日，五更时，天子拜礼南郊完后，早晨回城，驻跸丹凤楼。改年号，改开成六年为会昌元年。皇帝还敕左、右街七寺开俗讲。左街计四处：资圣寺（日本僧寄住处），由云花寺赐紫大德海岸法师主讲《华严经》；保寿寺，由左街僧录、三教讲论、赐紫引驾大德体虚法师主讲《法华经》；菩提寺，由招福寺内供奉、三教讲论大德齐高法师主讲《涅槃经》；景公寺，由光影法师主讲。右街计三处：会昌寺，由内供奉、三教讲论、赐紫引驾起居大德文溆法师主讲《法华经》，长安城中主讲俗讲的，以此法师为第一；惠日寺、崇福寺的主讲法师名字没有听到。

另外敕令道教开讲，左街由敕命新近从剑南道（治所在四川成都）召来的太清宫内供奉矩令费，在玄真观主讲《南华经》（即《庄子》）等经；右街亦有一处，可惜不知其名。都是敕令开设的。自太和九年以来废除的俗讲，当今皇帝刚刚恢复。从正月十五日开始，一直到二月十五日结束。

二月八日，金刚界曼荼罗像画完。有敕令让章敬寺的镜霜法师在各寺传念阿弥陀净土念佛教。从二十三日到二十五日，在资圣寺传念佛教。并巡礼各寺，每寺三日，每月轮巡不止。又在大庄严寺开设释迦牟尼佛牙供养。三月八日至十五日，在荐福寺开设佛牙供养。

蓝田县（今属陕西）从八日到十五日设僧俗无碍茶饭，各方僧俗都来吃供。左街僧录体虚法师是会主。各寺都来集会。各设珍供，百种药食、珍妙花果、诸色香火，供养佛牙，供养处楼廊下摆满了供养物品，多得不可胜数。佛牙置于楼中庭，长安城中的名僧大德老宿之辈都聚集在楼上，随喜赞叹。全城的人都前来礼拜供养。

有人施粳米百石、粟米二十石；有人施僧俗无碍供的馓头特别充足；有人施僧俗无碍供杂用钱很多；有人施僧俗无碍供的薄饼无数；有人施各寺名僧大德老宿的供品非常充足。如此等等，各自发愿布施庄严的佛牙供养会，向佛牙楼散的钱多如雨下。求法僧等十日前往该处随喜,登佛牙楼,亲见佛牙,顶戴礼拜。又到翻经院,拜见义净三藏像。墙壁上绘有三藏摩顶的松树。街西的兴福寺,也有二月八日到十五日开设的佛牙供养。崇圣寺也开设了佛牙供养会。

长安城中共有四处佛牙:一是崇圣寺佛牙,为那吒太子从天上带来,交给终南山道宣律师的;一是庄严寺佛牙,由天竺放在腿肉中带来,由护法迦毗罗神护送而来;一是法界和尚从于阗国带来;一是从吐蕃带来的。自古以来便这么说,现在在长安城里的四个寺中供养。

二月十三日,受学金刚界大法完毕。供养金刚界曼荼罗及接受传法灌顶,将五瓶水灌于头顶上。到夜间,供养十二天神。诸事都吉祥。还登了慈恩寺塔。

十五日,兴唐寺奉命为国开灌顶道场,从十五日到四月八日为期,有缘者都赶来,结缘灌顶。

原典

三月廿五日,诣崇圣寺,礼释迦牟尼佛牙会。有人多云:"终南山和尚随毗沙门天太子得此佛牙。那吒太子从天上将来与和尚,今置此寺供养。"

四月一日,大兴善寺翻经院为国开灌顶道场,直到廿三日罢。

四日,往青龙寺,入东塔院,委细访见诸曼荼罗。

七日，往大兴善寺，入灌顶道场随喜，及登大圣文殊阁。……

卅日黄昏，画金刚界九会曼荼罗功钱商量定，除画绢外，六十①文。真和尚教化俗人，助加绢卌六尺，赐充画绢。……

五月一日，敕开讲，两街十寺讲佛教，两观讲道教。当寺内供奉讲论大德嗣标法师，当寺讲《金刚经》；青龙寺圆镜法师于菩提寺讲《涅槃经》。自外不能具书。

三日，始画金刚界九会曼荼罗帧五副。除画绢外，六千文，是画功（工）也。此日于青龙寺设供养，便于敕置本命灌顶道场受灌顶抛花，始受胎藏《毗卢遮那经》②大法兼苏悉地大法③。……

六月十一日，今上降诞日，于内里设斋，两街供养大德及道士集谈经、四对论议，二个道士赐紫，释门大德总不得着。南天竺三藏宝月入内对君王，从自怀中拔出表进，请归本国。不先谘，开府恶发。

（十）五日军内收禁犯越官罪故，宝月弟子三人各决七棒，通事僧决十棒，不打三藏，不放归国。……

（会昌二年二月）廿九日，于玄法寺法全阿阇梨所，始受胎藏大法。又于大安国寺元简阿阇梨所重审决《悉昙章》。

注释

① "十",下文作"千"。

②《毗卢遮那经》:即《毗卢遮那成佛经》,全称《大毗卢遮那成佛神变加持经》,简称《大日经》。密宗主要经典之一。唐善无畏与一行合译,七卷。第一卷讲密教的基本教义(教相),第二卷以后讲密教的各种仪轨、行法等(事相),第七卷讲供养方式方法。注释有一行的《大日经疏》二十卷。

③苏悉地大法:梵文 Susiddhi 的音译,意为妙成就。唐代密宗将其所传的秘密法称为"三部大法"之一。见善无畏译《苏悉地羯罗地》专述修法之仪轨。

译文

三月二十五日,往崇圣寺礼谒释迦牟尼佛牙会。人们都说:"终南山道宣和尚随毗沙门天太子得此佛牙。那吒太子从天上带来给道宣和尚,现安置在此寺供养。"

四月一日,大兴善寺翻经院为国家开设灌顶道场,一直到二十三日才结束。

四日,去青龙寺东塔院,仔细寻访各曼荼罗。

七日,去大兴善寺到灌顶道场随喜,又登大圣文殊阁。……

三十日黄昏，商定画金刚界九会曼荼罗功钱，除画绢外，还需要六千文。又画真和尚教化俗人图增加绢四十六尺，充作画绢。……

五月一日，敕令开讲，两街十寺讲佛教，两观讲道教。本寺内供奉讲论大德嗣标法师在当寺主讲《金刚经》；青龙寺的圆镜法师在菩提寺主讲《涅槃经》。此外不能详述。

三日，开始画金刚界九会曼荼罗五副。除去画料、绢外，需画功六千文钱。本日在青龙寺设供养，并在敕置的本命灌顶道场接受灌顶抛花，开始受学胎藏《毗卢遮那经》大法和苏悉地大法。……

六月十一日，当今皇帝生日，在大内设斋，两街供养大德和道士应诏在内谈经、四下相对议论，两个道士赐着紫，释门大德没有。南天竺三藏宝月在入内与天子见面时，从怀里掏出申请回国的表请呈递。因没有先报告开府，帝不悦。（十）五日，军内以越官罪收禁宝月师徒，弟子三人各判杖打七棒，通事僧判杖打十棒，三藏没有被责打，但也不许回国。……

会昌二年（公元八四二年）二月二十九日，在玄法寺法全阿阇梨处，开始受学胎藏大法。又在大安国寺元简阿阇梨处重新审决《悉昙章》。

5 会昌法难

原典

（会昌二年）三月三日，李宰相闻奏僧尼条疏，敕下发遣保外无名僧，不许置童子、沙弥。

八日，荐福寺开佛牙供养，诣寺随喜供养。街西兴福寺开佛牙会。巡院转帖兴善、青龙、资圣等三寺。外国僧三藏等：

右奉军容处分：前件外国僧并仰安存，不得发遣者。事须转帖，各仰准此处分。讫。报者。准状转帖者。

会昌二年三月五日帖

押衙知巡何公贞

……（四月），见说回鹘兵马入秦府城住，节度使逃走，新除节度使在路不敢入。玄法寺法全座主解三部大法，施《胎藏大轨仪》三卷①、兼《别尊法》②三卷、《胎藏手契》，充远国广行。送书谢展：

> 接近勤谒，难令夏契。伏惟座主道体万福。即此圆仁蒙恩，依少故，诣展不获，伏深反疚。谢座主慈流，施法门六卷，充广行，不胜感愧。弘传远国，以答法恩。但未有供养，悚侧尤甚。一两日后，自到院中面谢未间，但增驰结。谨遣小师奉状，不宣。谨状
> 　　　　　　（会昌二年）四月　日
> 　　　　　　　　日本国求法沙门圆仁状

全座主^{法前}_{谨空}

……（五月）廿五日，使牒勘问外国僧艺业。

巡院帖扬化团

当团诸寺　应有外国僧等

右奉使帖，勘"从何国来，及到城年月，兼住寺，并年几，解何艺业，具名申上者。"事须帖团，仰速折状通，功待申上，不得迟速（违）者，准状帖团者。

　　　　　　会昌二年五月廿五日帖
　　　　　　　　押衙知巡何（公贞）

资圣寺日本国僧圆仁^{年五十,}_{讲《法花经》}，弟子僧惟正^年_{三十}，僧惟晓^{年卅一,并}_{解《法花经》}，奉帖勘"从何国来及到城年月，兼住寺，并年几，解何艺业"等。

右圆仁等为抄写阙本经论,流传本国,去开成三年七月随日本国朝贡使来到扬州。去开成五年八月廿三日到城。奉使牒权寄住资圣寺听学。谨具如前。谨牒。牒件状如前。谨帖

会昌二年五月廿六日
日本国僧圆仁等谨牒

五月十六日起首,于青龙寺天竺三藏宝月所,重学《悉昙》,亲口受正音。

廿九日,有敕停内供奉大德,两街各廿员。

六月十一日,上德阳日,大内降诞降斋。两街大德对道士御前论议。道士二人得紫,僧门不得着紫。……

注释

①**《胎藏大轨仪》三卷**:是《胎藏大仪轨》二卷之误。为胎藏四部仪轨之一的玄法寺仪轨,全称《大毗卢舍那成佛神变加持经莲华胎藏悲生曼荼罗广大成就仪轨》。

②**《别尊法》**:别尊一作诸尊,一作一尊。为金胎两部的全体都法,解各种本尊的安置等。

译文

会昌二年（公元八四二年）三月三日，李德裕宰相上奏取缔和限制僧尼，敕令遣发保外无名的僧人，不允许随便收置沙弥、童子。

八日，荐福寺开设佛牙供养会，到寺随喜供养。街西的兴福寺也开设了佛牙供养会。

功德使巡院致信兴善、青龙、资圣等三寺。

外国僧人三藏等：

奉观军容使之命，上述寺中外国僧人一律就地颐养，不得离开还乡。此事要互相转告，望各各相安，并将此事周告知之。特此

会昌二年三月五日

押衙知巡院事何公贞

……四月，听说回鹘兵马进犯振武军，节度使逃走，新任命的节度使在路途中不敢赴任。玄法寺的法全座主解三部大法，施送《胎藏大轨仪》三卷、《别尊法》三卷、胎藏手契等，以使之在远国广为传播。于是写信表示感谢：

一直想拜访，可惜没有机会，愿座主康安。此次圆仁等蒙座主如此厚爱，而竟因区区微故，一直没能尽

敬慕之情，很是内疚。这里感谢座主的慈爱，赐施法门六卷，以作为远国传播之用，衷心铭感。当使佛法弘传远国，以报答座主的一片慈恩。只是没能前往供养，内心非常惭愧。一两天后，一定到院中面谢，徒增思慕之情。特派小徒奉状问候，余不一一。谨奉

会昌二年四月　日
日本国求法沙门圆仁拜

致全座主^{法前谨空}

……（五月）二十五日，有使牒到，查问外国僧人的艺业。

巡院致扬化团

当团诸寺　外国僧人

现奉使令，查询僧人们来自何国，以及到长安的时间（年、月、日），住于何寺，僧人的年龄，懂何艺业，请一一具名呈上。特此致团，望速办理，不得延误。

会昌二年五月二十五日
押衙知巡何公贞

资圣寺日本僧圆仁^{年五十，懂《法华经》}，弟子僧惟正^{年三十}，僧惟晓^{年三十一，亦懂《法华经》}，奉帖查询从何国来以及到长安城的年、月，住何寺，住几年，懂何艺业。

圆仁等抄写阙本经论，使之流传日本国。开成三年

七月随日本国朝贡使船到扬州，开成五年八月二十三日到长安，奉命暂住资圣寺，访学求法。谨表如前。谨呈。

会昌二年五月二十六日

日本国僧圆仁等谨拜

从五月十六日起，在青龙寺天竺三藏宝月处，重新学习梵文，由宝月三藏亲自教授正音。

二十九日，敕令停止内供奉大德，两街各二十人。

六月十一日，现今皇帝诞生日，在宫内举办庆诞斋，两街大德与道士在御前论议。道士两人得着赐紫，僧人没有得到赐紫。……

原典

十月九日，敕下：天下所有僧尼解烧练、咒术、禁气、背军，身上杖痕、鸟文，杂工功，曾犯淫、养妻不修戒行者，并勒还俗。若僧尼有钱物及谷斗、田地、庄园，收纳官。如惜钱财，情愿还俗去，亦任勒还俗，充入两税徭役。敕文在别。

城中两街功德使帖诸寺：不放出僧尼，长闭寺门。僧眩玄奏："自作剑轮，自领兵打回鹘国。"敕（勒）令彼僧试作剑轮，不成。又准宰相李绅闻奏，因起此条疏，其僧眩玄当诳敕罪，准敕斩首讫。左右街功德使帖诸寺，勘隶僧尼财物。准敕条疏，天下大同。诸州府、中书门下牒行。京城内仇军容拒敕，不欲条疏。缘敕意不许，且许请权停一百日内，帖诸寺不放僧尼出寺。

左街功德使奏：准敕条疏僧尼，除年已衰老及戒行精确外，爱惜资财、自还俗僧尼共一千二百卅二人。右街功德使奏：准敕条疏僧尼，除年已衰老及戒行精确外，爱惜资财、自愿还俗僧尼共二千二百五十九人。

奉敕：左、右街功德使奏：准去年十月七日、十六日敕条疏，令还俗僧尼。宜依。其爱惜资财、情愿还俗者，各委本贯，收充两税户。向后诸道有如此色类，并准此处分。所蓄奴婢，僧许留奴一人，尼许留婢二人，余各任本家收管。如无家者，官为货卖。同衣钵余外，资财收贮，待后敕处分。其僧尼所留奴婢，如有武艺及解诸药诸术等，并不得留。不得削发私度。如有违犯，纲维知事录报官。余资产钱物等，各委功德使，自条疏闻奏。

会昌三年正月十七日，功德使帖诸寺：僧尼入条疏内，并令还俗。此资圣寺卅七人。

十八日早朝，还俗讫。左街还俗僧尼共一千二百卅二人，右街还俗僧尼共二千二百五十九人。……

二月一日，使牒云：僧尼已还俗者，辄不得入寺及停止。又发遣保外僧尼，不许住京入镇内。……

四月，中旬，敕下，令敂天下摩尼师①。剃发，令着袈裟，作沙门形而敂之。摩尼师即回鹘所崇重也。

注释

①**摩尼师**：摩尼教传教师。摩尼教又译明教、明尊教、末尼教、牟尼教。伊朗古代宗教之一。三世纪由摩尼创立。在琐罗亚斯德教二元论的基础上，吸收了基督教、佛教、诺斯替教等思想材料而形成了自己的独特信仰。崇拜四大尊严。奉《彻尽万法根源智经》《净命宝藏经》《赞愿经》《娑布罗乾》为主要经义。武则天时始传入中国。又由新疆传入当时居住在漠北的回鹘，唐宝应元年（公元七六二年）被回鹘定为国教。

译文

十月九日，敕令下达："天下所有僧尼凡懂烧炼、咒术、禁气，逃兵，身有杖痕、文身，有工技者；曾犯淫、蓄妻，不修戒行者，一并勒令还俗。如僧尼有私人钱物和米谷、田地、庄园等，一律收纳官府。如爱惜钱财，愿意还俗的，准其还俗，并入籍作两税和徭役之人。"敕文另见。

长安的两街功德使公告各寺：不得任意放僧尼出去，长期关闭寺门。僧人眩玄上奏请求自作剑轮，率兵去打回鹘国。敕令让他先试做剑轮，但没有做成。圣上又批准宰相李绅的报告，引用法条，科僧眩玄为诳敕罪。敕准处之斩首。左右街功德使公告各寺，查勘属于僧尼的财产。按此法规，天下都要执行。各州府，由中书门下通知。长安城的仇军容拒不执行敕令，不想照规行事。但圣意不准，只是允许暂时在一百天内通知各寺不要放僧尼出寺。

左街功德使报告说，奉敕令条疏僧尼，除年高衰老及戒行精深者外，因爱惜钱财而自动还俗的僧尼共有一千二百三十二人。右街功德使报告说，奉敕令条疏僧尼，除年高衰老及戒行精深者外，因爱惜钱财而自动还俗的僧尼共计二千二百五十九人。

奉敕：左右街功德使报告说："遵去年十月七日、十六日敕令，敕令僧尼还俗。"遵令。僧尼中凡爱惜钱财、情愿还俗的，各遣回原籍，编入国家两税户之籍。此后各道有类似者，可照此法处理。僧尼所蓄奴婢，僧人可留奴一人，尼可留婢二人，其余听任本家收管。其无本家者，由官家卖去。除衣钵外的财物全由官家收贮，俟敕令再行处理。僧尼所留奴婢，如身有武艺，或懂炼丹药及各种道术的，一概不准留住，不得削发私度。如违犯，纲维知事报官处理。其余资产钱物等，由功德使依法规自行处置后报告。

（会昌三年正月）十七日，功德使通告各寺，僧尼中符合条疏的，一律勒令还俗。资圣寺还俗的有三十七人。

十八日晨，僧尼还俗完。左街还俗僧尼共计一千二百三十二人，右街还俗僧尼共计二千二百五十九人。……

二月一日，功德使传令说：凡已还俗的僧尼不许再到寺里，不许在寺里休息。再者，已遣发的保外僧尼，不许住京城，不许到镇内去。……

四月，中旬，敕令下来，命令杀死天下所有的摩尼传教师。凡有剃发，穿袈裟，作沙门形状的也格杀勿论。摩尼教是回鹘国所尊崇的宗教。

原典

（六月）十一日，今上德阳日，内里设斋，两街大德及道士御前论义，每街停止十二员大德。功德使帖巡院，令简择大德，每街各七人，依旧例入内。大德对道士论义，道士二人敕赐紫衣，而大德总不得着紫。

又德阳日前十五日内，宫内诸司各赴诸寺，设斋献寿。太子詹事韦宗卿撰《涅槃经疏》廿卷进。今上览已，焚烧经疏。敕中书门下，令就宅追索草本烧焚。其敕文如左：

敕：银青光禄大夫、守太子詹事、上柱国、花阴县开国男、食邑三百户韦宗卿，忝列崇班，合遵儒业；溺于邪说，是扇妖风。既开讹惑之端，全戾典坟之旨，簪缨之内，颓靡何深！况非圣之言，尚宜禁斥，外方之教，安可流传？虽欲色包容，恐伤风俗。宜从左官，犹谓宽恩。可任成都府尹，驰驿发遣。

太子詹事宗卿进佛教《涅槃经》中撰成《三德》廿卷。奉敕《大圆伊字镜略》廿卷，具已详览。佛本西戎之人，教张不生之说；孔子乃中土之圣，经闻利益之言。而韦宗卿素儒士林，衣冠望族，不能敷扬孔、墨，翻乃溺信浮屠，妄撰胡书，辄有轻进。况中国黎庶久染此风，诚宜共遏迷聋，使其反朴，而乃集妖妄，转惑愚人。位列朝行，岂宜自愧？其所进经，内中已焚烧讫。其草本，委中书门下追索焚烧，不得传之于外。

会昌三年六月十三日下

（……廿九日，……）

日本国僧圆仁，弟子僧惟正、惟晓，行者丁雄万房内，除四人外，更无客僧及沙弥、俗客等。

右奉寺家牒称：奉使司文（之）帖，切不得停止保外及沙弥、俗客等。如后有人纠告房里隐藏，情求重罪，伏请处分。牒件如前。谨牒

会昌三年七月二日

日本国僧圆仁牒

……九月十三日，七七日斋，驸马拙（杜）琮除淮南节度使，仍判天下盐铁使。淮南节使仆射李绅，敕追入京拜相。河北道潞府节度使刘从简叛，敕下诸州府抽兵马，都五万军打潞府。入界不得，仍在界首相守。供军每日用廿万贯钱。诸道般载不及，遂从京城内库般粮不绝。

潞府留后院在京右街平康坊。潞府押衙疅孙，在院知本道事，敕令捉，其人走脱不知去处，诸处寻捉不获。唯捉得妻儿女等，斩讫破家。有人告报："潞府留后押衙疅孙剃头，今在城僧中隐藏。"仍敕令两街功德使疏理城中等僧，公案无名者，尽勒还俗，递归本贯，诸道州府亦同斯例。近住寺僧，不委来由者尽捉。京兆府投（捉）新裹头僧，于府中打讫三百余人。其走藏者，不敢街里行也。回鹘国兵马大败，本道便闻奏，诸州府兵总归本道讫。……

译文

（六月）十一日，现今皇帝诞生日，宫中设斋，两街大德和道士在御前论义，每街削减中止十二员大德。

功德使通知巡院，让每街各选大德七人，按旧例进大内。大德与道士相对论义，道士两人由敕令赐予紫衣，大德无此荣幸。

在此前十五日内，宫内各司分赴诸寺设斋献寿。太子詹事韦宗卿撰《涅槃经疏》二十卷呈进。圣上阅完后，烧毁了经疏，并下令中书门下到韦宅追索草稿就地焚毁。敕文说：

银印青绶光禄大夫、守太子詹事、上柱国、华阴县开国男、食邑三百户韦宗卿，氏忝列高官之位，合该遵崇儒家之业；而竟沉溺于邪说，扇惑妖风。既开诱惑的恶端，又完全违犯三坟五典的宗旨，身在簪缨之内，不想竟颓靡如此之深！原本非圣之言，便应禁斥，而外来的佛教，怎能任意流布？虽然想有包容之度，但怕有伤中土风化。现宽恩令该氏左迁，任成都府尹，马上赴任。

至于太子詹事韦宗卿进佛教《涅槃经》中所撰成的《三德》二十卷、奉敕令所撰《大圆伊字镜略》二十卷，均已详览。佛原是西戎人，宣扬不生之说；孔子是中土圣人，讲的都是经世利国的道理。韦宗卿厕身儒林，衣冠望族，不能弘扬孔、墨之言，反倒溺信浮屠、妄撰胡书，颇有轻薄之言。中国黎民百姓早就沾染崇佛之风，本应遏止迷聋，使其返璞归真，而该氏却会集妖妄，转惑愚人。韦氏身列朝官，难道不问心自愧吗？该氏所进的经疏，已在大内焚烧净尽。草稿，亦已令中书门下追索焚烧，决不能使其缪种流传。

会昌三年（公元八四三年）六月十三日下

（……二十九日，……）

日本国僧圆仁，弟子僧惟正、惟晓，随从丁雄万住地，除四人外，再没有别的客僧、沙弥、俗客了。

接寺方公文说：奉功德使司文件称，千万不要滞留保外僧和沙弥、俗客等。此后如有人告发隐匿外人于房里，甘愿受重罪之处分。谨呈

会昌三年（公元八四三年）七月二日

日本国求法僧圆仁谨拜

……九月十三日，是惟晓的七七祭斋（每次请内供奉超度）。驸马都尉拙（杜）琮任淮南节度使，仍兼天下盐铁使。淮南节度使仆射李绅，敕命入京任宰相。河北道潞府节度使刘从简（从谏）反叛，敕令各州府，抽调兵马五万人去平定潞府。军队不能入潞府界，仍在府界边境驻守。每日供应征讨军的军费便要二十万贯钱。军粮来不及由各道州运来，只得将京城内库的储粮运出充用。

潞府的留后院在长安的左街平康坊。潞府押衙置孙在院主管有关节度使的事务，敕令逮捕此人，此人逃

脱不知去向，到处都没能抓获。只捉到了他的妻子儿女等，悉数杀尽。有人报告说："潞府留后押衙窨孙已经剃发，现在就藏匿在长安城的僧人中间。"于是敕令两街功德使梳理查勘长安城的僧人，役所的僧簿上没有名字的，一概勒令还俗，遣归原籍，各道、州、府也都照此例办理。最近来住寺的僧人，如不能说明来路的，一概逮捕。京兆府捉住新裹头的僧人，便送到府中，打杀三百多人。那些潜逃者，不敢在街上行走。回鹘的兵马被打败，道里已有奏闻，各州府的兵马便回本道。……

原典

（会昌四年）三月，敕下："朕欲驾幸东京，仍晓示百寮：如有朝臣谏者，诛身灭族。"敕不许供养佛牙。

又敕下云："代州五台山及泗州普光王寺、终南山五台、凤翔府法门寺，寺中有佛指节也。并不许置供及巡礼等，如有人送一钱者，脊杖二十。如有僧尼等在前件处受一钱者，脊杖二十。诸道州县应有送供人者，当处捉获，脊杖二十。"

因此四处灵境，绝人往来，无人送供。准敕勘责彼处僧人，无公验者，并当处打敛，具姓名闻奏。恐潞府留后押衙作僧，潜在彼处也。宰相李绅、李德裕奏停三长月[①]，作道士教。新定三元月（日）：正月上元、六月中元、十月下元。

唐国恒式：三长月不许敩命。今上则不然也。为破潞府，敕召道士八十一人，又于内里，令作九天道场。于露处，高垒八十张床，铺设精彩，十二时行道祭天尊，干脯酒肉，用祭大罗天。四月一日起首，直到七月十五日为终期。其道场不在屋舍内，于露庭中作法，晴明即日炙，雨下即霖身，八十一人中，多有着病者也。

今上偏信道教，憎嫉佛法，不喜见僧，不欲闻三宝。长生殿内道场，自古已来，安置佛像经教，抽两街诸寺解持念僧三七人，番次差入，每日持念，日夜不绝。今上便令焚烧经教，毁拆佛像，起出僧众，各归本寺。于道场内安置天尊老君之像，令道士转道经，修练道术。

国风，每年至皇帝降诞日，请两街供奉讲论大德及道士，于内里设斋行香，请僧谈经，对释教道教对论义。今年只请道士，不请僧也。看其体色，从今已后，不要僧人入内。

道士奏云："孔子说云：李氏十八子，昌运方尽，便有黑衣天子理国。臣等窃惟黑衣者，是僧人也。"皇帝受其言，因此憎嫌僧尼。意云"李"字十八子，为今上当第十八代，恐李家运尽，便有黑衣夺位欤。功德使帖诸寺，准敕不许僧尼街里行犯钟声[2]。若有出者，事须诸寺钟声未动已前，各归本（寺）讫；又不许别寺宿。若有僧尼街里行犯钟声，及向别寺宿经一夜者，科违敕罪。从前不许午后出寺，今不许犯钟声。

　　二月，驾幸右街金仙观，是女观。观中有女道士，甚有容。天子召见入意，敕赐绢一千匹。遂宣中官令修造观，便通内，特造金仙楼。其观本来破落，令修造严丽，天子频驾幸。向后驾幸左街兴唐观，是道士观，又赐千匹。特令修造铜铸圣容，作圣容当庄严（校）奇绝。

注释

　　① **三长月**：即三长斋月，亦称三斋月、三元月。佛教在正月、五月、九月三个月中自一日至十五日持八斋戒，遵守过中午不食等戒律。长斋意为时间较长的持斋，据《百丈清规》载，此节在中国始于隋开皇三年（公元五八三年），其时各寺建祈祷道场，不得杀生。

　　② **犯钟声**：钟声即斋钟，佛寺正午时所敲钟声。即指在接近正午的鸣钟，直至鸣钟结束为止，不准僧尼外出之意。

译文

会昌四年（公元八四四年）三月，敕令说："朕要驾幸东京（今河南洛阳），特晓喻百官：朝臣若有谏者，杀身灭族！"敕令不允许供养佛牙。

又有敕令说："代州五台山及泗州的普光王寺、终南山的五台山、凤翔府的法门寺，寺中都有佛指节。均不得置供和巡礼，如有人送一钱，脊杖二十。僧尼等如有在前件处收一钱，脊杖二十。各道、州、县若有人来送供，在何处拘获，即在何处脊杖二十。"

因此各处的寺院圣境很少有人去，亦没有人送供。按敕命查勘该处僧人，如无公验证明，即在该处打死，写了姓名上奏。因担心潞府留后押衙化装成僧人，潜藏在该处，宰相李绅、李德裕奏停止三长月，代之以道士教的三元月，即正月上元、六月中元、十月下元。

唐国的惯例：三长月不许杀生。当今皇上却不是这样。为庆祝平定潞府，敕召道士八十一人在大内作九天道场。在露天处高架八十张床，铺设得很精美，十二时道祭天尊，又用干脯酒肉祭大罗天。从四月一日起，一直进行到七月十五日。因道场不在房屋中，而是在露天处作法，晴天热炎炙人，下雨即雨水淋身，八十一人中病倒的不少。

当今皇上偏信道教，仇恨佛教，不喜欢看见僧人，也不想听到三宝。大内长生殿道场，自古以来便是放佛像经典的，由两街各寺特选解持念僧二十一人，轮番入内，天天持念，日夜不停。当今皇上下令焚烧经教、拆毁佛像，赶出僧众，令各归本寺。在道场里安放道教天尊太上老君的像，让道士转道经，修炼道术。

　　唐国风习，每年到皇上的诞辰日，请两街供奉讲论大德和道士在大内设斋行香，由僧人讲经，佛道相对论义。今年只请道士，不请僧人。看样子，从今以后是不会让僧人进大内（宫中）了。

　　有道士上奏说："孔子曾说：李氏十八子，昌运尽后，就有黑衣天子治理国家。我们以为那黑衣人就是僧人。"皇帝相信道士的话，因此特别厌恶僧尼。"李"字，拆分开即十八子，到现今皇上即到十八代，怕李家的气数完了，就有黑衣者来夺其天下。功德使公告各寺，奉敕不许僧尼在街上违犯午斋钟。僧人如有出寺，得在午斋钟前赶回寺里，不许僧尼借宿他寺。如有僧尼在午斋钟响后仍在街上或借宿他寺一夜的，便要科之以违敕之罪。原来只是不许僧尼午后出门，现在又不许僧尼违犯午斋钟。

　　二月份时，圣上驾幸右街金仙观（女观）。观中有女道士，很漂亮。天子召见很中意，便敕赐一千匹绢。

并让中官下令修道观寺，以便与大内相通，特造金仙楼。该观本极破败，现修治得富丽堂皇，天子常常驾幸。以后又驾幸左街兴唐观，这也是道士观，亦赐千匹绢。并特令修造铜铸圣容，作圣像的容貌当庄严美观。

原典

城中诸寺七月十五日供养，诸寺作花蜡、花饼、假花、果树等，各竞奇妙。常例，皆于佛殿前铺设供养，倾城巡寺随喜，甚是盛会。今年诸寺铺设供养，胜于常年。敕令诸寺佛殿供养花药等，尽搬到兴唐观祭天尊。

十五日，天子驾幸观里，召百姓令看。百姓骂云："夺佛供养祭鬼神，谁肯观看！"天子怪百姓不来。诸寺被夺供养物，悀惶甚也。……

又敕下，令毁拆天下山房兰若、普通佛堂、义井①、村邑斋堂等，未满二百间，不入寺额者，其僧尼等尽敕还俗，充入色役②。具令分析闻奏。且长安城里坊内佛堂三百余所，佛像、经楼等庄严如法，尽是名工所作。一个佛堂院，敌外州大寺，准敕并除罄尽。诸道天下佛堂院等，不知其数。天下尊胜石幢、僧墓塔等，有敕皆令毁拆。

敕召国子监学士，及天下进士及第、身有学者，令入道教。未曾有一人入其道者也。今年已来，每雨少时，功德使奉敕帖诸寺观，令转经祈雨。感得雨时，道士偏蒙恩赏，僧尼寂寥无事。城中人笑曰："祈雨即恼乱师僧，赏物即偏与道士。"……

九月，潞府大败。仍捉得彼处押衙、大将等，送到京城，斩敚，六七度也。后斫叛主刘从简头来，三锋枪头穿之，杆高三丈余，上头题名。先绕两市，进入内里，天子坐银台门楼上看，大笑曰："照仪（昭义）已破。今未除者，唯是天下寺舍，兼条疏僧尼都未了，卿等知否？"……

道士赵归真等奏云："佛生西戎，教说不生。夫不生者，只是死也。化人令归涅槃。涅槃者死也。盛谈无常、苦、空[3]，殊是妖怪，未涉无为长生之理。太上老君闻生中国，宗平（乎）太罗之天，逍遥无为，自然为化。飞练仙丹，服乃长生。广列神府，利益无疆。请于内禁筑起仙台，练身登霞，逍遥九天，康福圣寿，永保长生之乐。"云云。皇帝宜依，敕令两军于内里筑仙台，高百五十尺。……

敕令毁拆天下小寺，经佛般入大寺，钟送道士观。其被拆寺僧尼，粗行不依戒行者，不论老少，尽勒还俗，递归本贯，充入色役。年老、身有戒行者，配大寺。虽有戒行、若是年少者，尽勒还俗，归本贯。城中毁折卅三处小寺，条疏僧尼，一准敕文也。

注释

①**义井**：佛教寺院或信仰者为了公益而凿成的井。供大众汲水而不收费者。相同含义的还有义仓、义田、义米、义肉、义舍、义庄、义学、义役、义渡等。

②**色役**：种种的役务。唐代正丁除承担租庸调外的其余杂徭。即差科色役之意。

③**无常、苦、空**：都是佛教名词。无常属有为法、生灭法，与不生不灭的涅槃（无为法）相对。后世亦有以无常指死亡的。苦、空都是佛教名词。

译文

城中各寺七月十五日举行供养会。各寺准备花蜡、花瓶、假花、果树等，争艳斗奇。照过去的惯例，均在佛殿前敷设供养品，在全城各寺巡礼随喜。今年各寺的准备，胜过往年。敕令将各寺佛殿供养的花药等都搬到兴唐观以祭天尊。

十五日，天子驾幸兴唐观，并召百姓来观礼。百姓们在背后都骂道："夺走佛的供养去祭鬼神，谁还肯来看！"天子责怪百姓们不去看。各寺因供养物被无端"征用"，诚惶诚恐。……

又有敕令，使其拆毁天下不满二百间，不入寺额

（庙宇的匾额）数的山房兰若、普通佛堂、义井、村邑斋堂等，其僧尼们一律强制还俗，编入国家齐民之册。并一一具体呈上。长安城里坊内有佛堂三百余所，佛像、经楼等庄严一依法度，都是名工所作，一个佛堂，可抵外地州里的大寺，依敕令全部并除罄尽。各道天下佛堂院等，不计其数，天下的尊胜石幢、佛墓塔等，均遵敕令拆毁。

又敕令召国子监学士和天下的进士及第，以及有学问的人，让他们加入道教。但不曾有一个人入道教。今年以来，干旱少雨，功德使奉敕令通知各寺观，令其转经求雨。若感得下雨，道士遍受恩赏，僧尼从不沾边。城里人传为笑谈："求雨时累死师僧，须赏时乐死道士。"

九月，潞府叛军大败。俘获押衙、大将等，押送到京城，已杀了六七次了。后砍了叛首刘从简的首级，由三尖枪挑着，杆高三丈多，上有名字。先绕东、西两市，接着到宫内，皇帝在银台门楼上看着大笑道："昭义叛军已破。现在未做完的，就是天下寺舍的拆毁、僧尼的沙汰，你们都知道吧。"……

道士赵归真等上奏说："佛陀生于西戎，他的教义宣不生之说。不生便是死。化人让其归于涅槃。涅槃也就是死。佛教所常讲的无常、苦、空，十分怪诞，从没有说到长生的道理。太上老君生于中国，以大罗天为宗，宣扬逍遥无为，以自然为法化。调炼仙丹，服用便可长生。还能列入仙界，所以利益无穷。请在大内筑仙台，以炼登霞之仙术，逍遥九天之上，俾使圣寿康福，永保长生之乐。"皇帝依照他的请求照办，敕令两军在大内建筑仙台，高一百五十尺。……

又有敕令拆毁天下所有小寺，将寺内经典、佛像搬入大寺，钟送道观。所拆寺的僧尼，行为粗俗不笃信戒行的，不论老少，一律勒令还俗，遣回原籍，编入国家齐民之册。其中年事已高而身有道行的，配归大寺。年纪较幼而身有道行的，也一律勒令还俗，遣归原籍。长安城共拆毁小寺三十三处，处理僧尼，完全遵照敕文的规定。

原典

（会昌五年）三月三日……又令勘检天下寺舍奴婢多少，兼钱物、斛斗、匹段，一一诣实具录，令闻奏。城中诸寺，仰两军中尉勘检；诸州府寺舍，委中书门下检勘。且城中寺舍奴婢三等收身：有艺业者军里收，无业少壮者货卖，老弱者填宫。奴婢忧哭，父南子北，今时是也。功德使帖诸寺：奴婢五人为一保，保中走失一人者，罚二千贯钱。诸寺钱物，兼贷卖奴婢赎钱，并皆官收，拟充百寮禄料。又敕令天下诸寺，僧尼年卅已下，尽勒还俗，递归本贯。

人主又上仙台，敕令音声人推落左军中尉。音声人不肯推之，敕问："朕交推，如何不奉？"音声人奏云："中尉是国家重臣，不敢推下。"天子怒，打脊二十棒。在台上怪道士云："朕两度上台，卿等未有一人登仙者，何意？"道士奏曰："缘国中释教与道教并行，里（黑）气越着，碍于仙道，所以登仙不得。"人君宣两街功德使云："卿知否？朕若是，何师尽不要也。"

数日后敕下，天下僧尼五十已下，尽勒还俗，递归本贯讫。后有敕云：天下僧尼五十已上、无祠部牒者，尽勒还俗，递归本贯；有祠部牒者，委当州县磨勘，差殊者，尽勒还俗，递归本贯。城中僧尼，委功德使准此例牒疏者。中书门下准敕牒诸道讫。

城里僧尼，功德使牒疏甚严切，且勘定无祠部牒僧尼之数，具录闻奏。便帖诸寺，合搬家具。其有祠部牒者，总索将入军里磨勘。其祠部牒上微有点污处，及生年与功德案入保牒，差殊者尽入还俗之数。不差殊者，便收入军案不出。遂使诸寺僧尼同无告身[①]也。

大家皆云："不还告身者，不留僧尼之谋样；收寺奴婢钱物者，毁拆寺舍之兆也。"皇帝宣云："殷土之坑极深，令人恐畏不安，朕欲得填之。事须祭台之日，假道设斋庆台,总追两街僧尼集左军里,斩其头,用填坑者。"

检枢卜密奏云:"僧尼本是国家百姓,若令还俗,各自营生,于国有利,请不用追入。请仰本司尽勒还俗,递归本贯,充入色役者。"皇帝点头,良久乃云:"依奏者。"

诸寺僧尼亦闻斯事,魂魄失守,不知所向。圆仁通状,请情愿还俗,却归本国。功德使收状,未有处分,但频有牒来安存。功德使帖诸寺,准敕条疏,不许僧尼出寺。事须差家人五六人守寺门,辄不得放僧尼出寺。如有违越者,纲维、三老及典直并守门人,各决脊杖二十。其出寺僧尼,当时处死者。……

(三—四月)见说功德使条疏僧尼还俗之事,商议次第,且令卅已下还俗讫,次令五十已下还俗,次令五十已上、无祠部牒者还俗。第三番令祠部磨勘,差殊者还俗。最后有祠部牒不差谬者,尽令还俗,即僧尼绝也。斯之商议,天下大同也。

(四—五月)缘准敕行故,从四月一日起首,年卅已下僧尼还俗,递归本贯。每日三百僧还俗,十五日,年卅已下僧尼方尽。从十六日起首,五十已下僧尼还俗,直到五月十日方尽也。十一日起首,五十已上无祠部牒者还俗。

前年已来，牒疏僧尼，即简粗行不依本教者，还俗，递归本贯。今年不简高行粗行，不论验僧、大德、内供奉也。但到次第，便令还俗。频有敕问已还俗者多少，未还俗者多少，催进其数。外国僧未入条疏之例，功德使别闻奏取裁。有敕云："外国等，若无祠部牒者，亦勒还俗，递归本国者。"

西国北天竺三藏难陀，在大兴善寺；南天竺三藏宝月兼弟子四人，于中天成业，并解持念大法、律行精细、博解经论，在青龙寺，并无唐国祠部牒。新罗国僧亦无祠部牒者多。日本国僧圆仁、惟正亦无唐国祠部牒。功德使准敕配入还俗例。又帖诸寺，牒云："如有僧尼不伏还俗者，科违敕罪，当时决敕者。"

闻此事，装束文书，所写经论、持念教法、曼荼罗等尽装裹讫。文书兼衣服都有四笼，便买三头驴，待处分来。心不忧还俗，只忧所写圣教不得随身将行。又敕切断佛教，恐在路诸州府检勘得实，科违敕之罪。

注释

①**告身**：由朝廷授予的表明身份的证明。

译文

会昌五年（公元八四五年）三月三日……又有敕令禁止天下寺舍置庄园和庄田。并下敕令勘检天下寺舍奴婢的数目，钱物、谷物、绢帛的数量，一一详录上报。长安城中各寺，由两军中尉负责勘检；各州、府的寺舍，由中书门下负责勘检。又将长安城寺舍的奴婢分成三等：将有技艺的收入军中服务；将无业少壮者卖掉；将老弱者充作官奴役使。一时奴婢哭声连片，父南子北，家破人亡，今日情形正是如此。功德使又通知诸寺：将奴婢五人编作一保，保中若有一人逃脱，罚二千贯钱。各寺的钱、物，以及出卖奴婢所得的钱，官府全部没收，以充百官俸给。又敕令天下寺中年龄在四十岁以下的僧尼，全部强制还俗，遣归原籍。……

皇上又上仙台，敕令宫廷乐师将左军中尉推落。宫廷乐师不肯推之。皇上问道："朕要你推，为何你不遵行？"宫廷乐师禀奏说："中尉是国家重臣，我怎敢推下他。"皇上大怒，重打他背脊二十大板。皇上站在仙台上恐吓道士说："朕两次登上仙台，爱卿中却没有一人成仙的，这是为什么？"道士禀奏说："这是因为国内佛教和道教并行的缘故，俗气愈多，障碍仙道，所以无法成仙。"皇上宣诏两街功德使说："爱卿知晓吗？朕不管释教或道教都不要。"

数日后又有敕下，天下僧尼年龄在五十岁以下的，一律强制还俗，遣归原籍。之后又有敕令，天下僧尼年龄五十岁以上的，没有祠部发给的僧尼证明书的，一律强制还俗，遣归原籍；有祠部发给的僧尼证明书的，再由所在州、县考察，若证明书与本人有抵牾不同的，一律强制还俗。长安城的僧尼，由功德使照此敕令处置。中书门下也将敕令转达各道。

长安城的僧尼，功德使的处置特别严厉。将查出的没有祠部发给的僧尼证明书的僧尼数目，详细地登录上奏。接着便通知各寺搬运器物。有祠部发给的僧尼证明书的，一律押到军营再次查核。那些祠部发给的僧尼证明书上稍有污损之处，以及生年和功德使处的入保证明书相抵牾的，一律进入还俗僧尼的行列。没有疑点的，一概收入军籍。这样一来，使各寺的僧尼成为没有身份证明书的人了。

大家都说："不还身份证明书，是不留僧尼的一种策略；没收寺舍的奴婢、钱财物品，这是拆毁寺舍的兆头。"又盛传皇帝曾说："大内筑仙台所挖的土坑很深，阴森可怕，让人不安，朕想将它填平。这事得到祭台的日子，借设斋祭台之便，将两街的僧尼集于左军，斩了他们的头，用来填坑。"

检枢卜秘密上奏说："僧尼本是国家的百姓，如让他们悉数还俗，各谋生路，对国家是有利的，请陛下不要追索杀尽了。可由本司负责勒令强制全部还俗，遣归原籍，以充杂役之用。"皇帝点头，默然很久才说："依卿之议。"

各寺僧尼也听说了这事，大家魂飞魄散，晕头转向，六神无主。圆仁便上书功德使，请求自愿还俗，回归本国。功德使收到申请后没作处理，只是常有文书来问候安慰。功德使公告各寺，正在奉敕处置僧尼，僧尼等不许随便离开寺舍。并派家丁五六人守寺门，不放僧尼出寺。如果有不守规定的，纲维、三老和当寺典直、看守寺门的人，各处脊杖二十。而离开寺舍的僧尼，当即处死，格杀勿论。……

（三—四月）听说功德使处置还俗僧尼的事情，商谈出的次序是，先将三十（四十？）岁以下僧尼勒令还俗，接着勒令五十岁以下僧尼还俗，接着是五十岁以上没有祠部僧尼证明书的僧尼还俗，然后再严勘祠部的僧尼证明书，有出入的便勒令还俗。最后将有祠部僧尼证明书的（的的确确，不掺假的），也勒令还俗，这样，天下的僧尼便消灭净尽了。照此计划，天下便大同了。

（四—五月）因圣上下令允许，所以从四月一日开始，将年在四十岁以下的僧尼强制还俗，遣归本籍。每日有三百位僧人还俗，到十五日，四十岁以下的僧人全部还俗。从十六日开始，强制五十岁以下的僧尼还俗，直到五月十日才完成。从十一日开始，强制五十岁以上没有祠部颁发的僧尼证明书者还俗。

从前年开始，即沙汰僧尼，将行为粗鄙不遵教义的僧尼强制还俗，遣归原籍。今年的行动便不再分辨道行的高深和粗浅，也不问是凡俗、大德，还是内供奉，只以年龄的次序来分层强制还俗。圣上还频频敕下询问已还俗了多少，还有多少没还俗的，催促尽快将数字上报。外国籍的僧人不在强制还俗之列，功德使另外上奏请示处置的办法。圣上下敕说："外国籍的僧人，如果没有祠部所发证明书，也一并强制还俗，遣归本国。"

西国北天竺的三藏难陀，住大兴善寺；南天竺三藏宝月及弟子四人，在中天竺成业，精通密教的持念大法，律行精细，博解经论，住在青龙寺，他们都没有大唐祠部发给的证明书。新罗国的僧人也大多没有大唐祠部发给的证明书。日本国僧人圆仁、惟正也没有大唐国祠部发的证明书。功德使依照敕令，将他们都归入强制还俗之列。又公告各寺："如果有僧尼不服从还俗之敕令，便科以违敕之罪，当时便可杀他。"

听到这消息，马上将所写的经论、密宗持念教法、曼荼罗等文书收拾起来，文书和衣服等行李共有四笼，便买了三头驴，等待官府的处置。心中并不担心还俗，而是担心官府不让将所抄写的经论等圣教物品带回日本。又因敕令禁断佛教，怕所经诸州、府勘查严格，以违敕之罪来刁难苛责。

原典

十三日，使帖来。当寺僧无祠部牒者卅九人，数内有日本国僧两人名，先还俗僧林宗、信观相议情愿许相送到汴州，州去京一千四百里。见他殷重，不阻其情也。三纲、三老等来，相忧云："远涉求法，遇此王难，应不免改服。自古至今，求法之人，足（定）有障难，请安排也。"不因此难，则无因归国。且喜将圣教得归本国，便合本愿。都维那僧法遇赠檀龛像一躯，以充归国供养。晚际，辞一寺僧了，便着俗衣。

十四日早朝，入京兆府请公验，恐无公验在路难为砍。西国三藏等七人，亦同在府请公验。府司判与两道牒，仰路次差人递过。然从会昌元年已来，经功德使通状请归本国，计百有余度，又曾属数个有力人，用物计会，又不得去。今因僧尼还俗之难，方得归国，一悲一喜。左神策军押衙、银青光禄大夫、检校国子祭酒、殿中监察侍御史、上柱国李元佐，因求归国事，投相识来近二年，情分最亲。客中之资，有所阙者，尽能相济。

缘功德使无道心故，谘归国事，不蒙纵许。在府之间，亦致饭食、毡褥等，殷勤相助。

十五日，出府到万年县，府家差人送到。大理卿、中散大夫、赐紫金鱼袋杨敬之曾任御史中丞，令专使来问：何日出城、取何路去，兼赐团茶①一串。在县中修状报谢。内供奉谈论大德去年归乡，不得消息，今潜来，裹头，隐在杨卿宅里，令童子清凉将书来，书中有潜别之言，甚悲惨矣。

当寺讲《维摩》《百法》座主云栖、讲《涅槃经》座主灵庄，先册已下例还俗讫，今裹头着俗衣来县中相看。李侍御与外甥阮十三郎同来相问。一头勾当行李，来去与买毡帽等，又入寺检校文书、笼驮等。云栖座主亦勾当笼驮，相共排比，恐不得随身将去。晚际出城，县司与差人，递送照应县去，去城八九十里。李侍御、栖座主同相送，到春明门外吃茶。

杨卿差人送书来云："弟子书状五通兼手书，付送前路州县旧识官人处。但将此书通入，的有所益者。"

职方郎中②、赐绯鱼袋杨鲁士前曾相奉，在寺之时殷勤相问，亦曾数度到寺检校，曾施绢褐衫裈等。今交郎君将书来，送潞绢二匹，蒙顶茶③二斤、团茶一串、钱两贯文，付前路书状两封，别有手札。

市（布）施主杨差人送来绢一匹，褐布一端、钱一千文，充路上用。自余相送人，不能具录。并于春明门外拜别，云留斯分矣。杨卿使及李侍御不肯归去，相送到长乐坡头，去城五里一店里，一夜同宿语话。

李侍御送路物（不）少：吴绫十匹、檀香木一、檀龛像两种、和香一瓷瓶、银五股拔折罗④一、毡帽两顶、银字《金刚经》一卷见内里物也、软鞋一量、钱二贯文，数在别纸也。惜别殷勤，乃云："弟子多生有幸，得遇和尚远来求佛法，数年供养，心犹未足，一生不欲离和尚边。和尚今遇王难，却归本国去。弟子计今生应难得再见，当来必在诸佛净土，还如今日与和尚作弟子。和尚成佛时，请莫忘弟子。"云云。

又云："和尚所着衲袈裟，诸留与弟子，将归宅里，终身烧香供养。"既有此言，便以送之。阮十三郎亦同结缘至厚。……

六月一日，到东都崔太傅宅，送杨卿书。太傅专使来，传语安存。施绢一匹。

九日，到郑州刺史李舍人处，有杨卿书。任判官处亦有杨卿书。将书入州见刺史及判官，并已安存殷勤。州长史、殿中监察侍御史、赐紫金鱼袋辛久（文）昱，在长安长供饭直，情分甚殷勤。去年得郑州长史赴任，今在州相见，悲喜交驰，存问至厚，便唤宅里断中歇息。刺史施两匹绢。诸人皆云："此处是两京大路，乞客浩汗，行人事不辨。若不是大官，是寻常衣冠措大来，极是殷勤者，即得一匹两匹。和尚得两匹，是刺史殷重深也。"任判官施夹缬一匹，辛长史见来，便交裁作褐衫。

斋后出州，归到宿处。辛长史专使来施绢一匹、袜肚一、汗衫、褐衫，书一，中云："续到拜辞，请暂时待者。"缘县家已差人贪祥，不及相待，便发。

行十五里，回头望西，见辛长史走马赶（趁）来，三对行官遏道走来，遂于土店里任吃茶。语话多时，相别云："此国佛法即无也。佛法东流，自古所言。愿和尚努力，早建（达）本国，弘传佛法。弟子多幸，顶谒多时，今日已别，今生中应难得相见。和尚成佛之时，愿不舍弟子。"……

注释

①团茶：指将粉末状的茶经过熬炼或拌和使之凝结成团饼状。

②职方郎中：军事设施、测量统计局长。

③蒙顶茶：指四川省名山县西方的蒙山所出产的有名的茶。

④银五股拔折罗：拔折罗，即以跋曰罗做成的金刚杵。五股拔折罗即五钴拔折罗（梵语 Vajra），一名五钴

杵、五股杵。原为古印度的战具，用作法具表示对治烦恼的金刚智。五股表示金刚界的五部，合两头为十枚，表示十波罗蜜。

译文

十三日，功德使公文来，本寺僧人没有祠部证明书的共三十九人，其中有两名日本国僧人，先还俗的林宗、信观自告奋勇，答应相送到汴州（今河南开封），该州距长安一千四百里。见他如此殷勤，也就不客气了。三纲、三老等都出来相送，他们难过地说："师父远涉大洋来求法，不幸遇此王难，遭遇还俗厄运。自古至今，求法之人，都有障害难碍，请做好准备吧。"要不是此难，还真找不到归国的借口。而能将圣教传往祖国，这正是符合意愿的喜事。都维那僧法遇慨赠檀木龛像一躯，让归国供养。晚上与全寺僧人告别后，便换上了俗家的衣着。

十四日早晨，到京兆府申请游行证明书，担心没有证明书在路上会遇到麻烦。西国的三藏七人也一起到京兆府来请证明书。京兆府的官员判给河南和淮南两道，通告由专人递送到所经州县。从会昌元年以来，通过功德使申请归国的请求状已不下百次了，还曾拜托数位有地位的人，并合计用物行贿，都没能成功。今日因遭逢强制僧尼还俗之难，才得允许归国，真是又悲又喜。左神策军押衙将军、银印青绶光禄大夫、检校国子祭酒、殿中监察侍御史、上柱国李元佐大人，因为请求归国之缘而熟悉，相识近两年，情分最亲。客中之资用有所短缺，大人便相济极洽。因功德使全无道心，归国的请求没被允许。在京兆府的当晚，又蒙李大人荷顾，照料饭食、毡褥等，极为热情。

十五日，离开京兆府去万年县，府中派人相送到县。大理卿、中散大夫、赐紫金鱼袋杨敬之大人曾任御史中丞，派专人来问何日出城，走哪条路线，并赐团茶一串。在县中写状表示感谢。资圣寺的内供奉谈论大德去年遣归家乡便不知音信，今日悄悄潜来，裹着头隐在杨卿家中，派童子清凉送来书信，信中有秘密送别之言，很是凄惨。

本寺主讲《维摩》《百法》的座主云栖、主讲《涅槃经》的座主灵庄，已按四十岁下强制还俗之令先行还俗，这时也裹着头穿着俗家衣裳来县衙见面。李元佐侍御和外甥阮十三郎一起来看望。一边准备行装，并购毡帽等，并到寺里查看文书、笼驮等。云栖座主也帮着整理行装，一起收拾，唯恐不能悉数带上。晚上出城，县中的役人相与递送到照应县（今陕西临潼），该地距城八九十里。李侍御使、云栖座主一起相送，到春明门外吃茶。

杨敬之大人派人送来书信，称："弟子奉上书信五通及便条，交付前路州县旧时相识的官员处。只请将此信交入，会有所裨益的。"

职方郎中、赐绯鱼袋杨鲁士以前曾相交熟稔，在寺时，相待极客气，也曾数次到寺检校，曾施与绢褐之衫、裤等。现遣公子携书来相送，赠送潞绢二匹、蒙顶茶二斤，团茶一串、钱二贯，交前路的书信二封，另有名刺。

布施主杨敬之大人派人送来绢一匹、褐布一端、钱一千文，以充路上资用。其余送行之人，不能一一具记。都在春明门外拜别，道："就此分别了。"杨大人的使者和李侍御史还是依依不舍，又送到距长安五里的长乐坡头，在一个旅店里住了一夜，相互话别。

李侍御史所赠路资计有：吴绫十匹、檀香木一、檀龛佛像两尊、和香一瓷瓶、银五股拨折罗一、毡帽两顶、银字《金刚经》一卷（见里面物品）、软鞋一双、钱两贯，数在另纸。依依离别，并说："弟子三生有幸，得以遇上师父远道来求佛法，供养数年，心中仍不满足，真想一辈子都待在师父的身边。师父如今碰到王难，回本国去了。弟子今生今世恐怕再也看不到师父了，只能寄希望于往生净土，师父成佛之时，请不要忘了在中国的弟子。"

又说:"还有一个不情之请。请师父将自己的法衣留赠弟子,弟子将供在家中,终身烧香供养。"既然都说到这种地步,便将衲袈裟送他,阮十三郎也是结缘甚厚的信众。……

六月一日,到东都洛阳的崔太傅宅,呈上杨大人的信函。太傅派专使来问候致意,并施绢一匹。

九日,到郑州刺史李舍人处,有杨大人书信。任判官处也有杨大人的书信。携书信到州衙,拜见刺史和判官,都相待不薄。州长吏(史)、殿中监察侍御史、赐紫金鱼袋辛久昱曾在长安长期供饭,相交甚笃。去年被任命为郑州长史,到此赴任。现在州衙相见,悲喜交集,慰问至微,并邀到宅中用膳休息。刺史施绢两匹。众人都说:"郑州是两京通衢,求便宜的人不少,游行者常遭白眼。如果不是大官,仅仅是寻常衣冠的士人,即使特别客气,也就是得一匹两匹布。师父得了二匹绢,看来一定是刺史的贵宾了。"任判官施夹缬(板染)一匹,辛长史请裁缝做褐衫。

斋后离开州衙回住处。辛长史派专人送来绢一匹、腹带一、并施汗衫、褐衫,另有书信一封,其中说:"一会即来相送,请稍等再走。"因县中人赶时辰,圆仁来不及再等了,便先行出发。

走了十五里，回头西看，看到辛长史骑马赶来，三位随从官已疾驰到眼前了，于是在路边村店里吃茶话别。两人说了许久，告别时说："此国现在已没有佛法了。佛法东流，古来便一直这样说。但愿师父多多努力，早日回到日本国，弘传佛法。弟子三生有幸，能随师父顶谒多时。今日一别，恐怕今生难得再见了。师父成佛之时，请不要忘了远方的弟子。"……

原典

……廿二日，到西州①。州管在徐节度府。西州普光王寺是天下著名之处。今者，庄国园、钱物、奴婢，尽被官家收检。寺里寂寥，无人来往。州司准敕，欲拟毁拆。

廿三日……从煦（盱）眙县至扬州……在路见裴舍人，曾任海州刺史，今春追入，贬任台州长史。更有翰林博士，贬下为外州司马，因相见云："五月廿九日离长安。在城之时，城中僧尼还俗已尽。准敕每寺留三纲，勘检钱物，待官家收寺钱物已后，拟令还俗。"云云。"诸寺见下手毁拆，章敬、青龙、安国三寺，通为内园。②"云云。

廿八日到扬州，见城里僧尼正裹头，递归本贯，拟拆寺舍钱物、庄园、钟等，官家收检。近敕有牒来，云:"天下铜佛、铁佛尽毁碎,称量斤两,委盐铁司收管讫,具录闻奏者。"……

(八月)十六日到登州,见萧端公新来赴任。又有敕云:"天下金铜佛像,当州县司剥取其金,称量进上者。"……

(登州)虽是边地,条疏僧尼、毁拆寺舍、禁经毁像、收检寺物,共京城无异。况乃就佛上剥金、打碎铜铁佛称其斤两,痛当奈何!天下铜铁佛、金佛有何限数,准敕尽毁灭化尘物。……

(七—八月)近有敕,天下还俗僧尼缁服,各仰本州县尽收焚烧。恐衣冠亲情持(恃)势隐在私家,窃披缁服。事须切加收检,尽皆焚烧讫,闻奏。如焚烧已后,有僧尼将缁服不通出,巡检之时,有此色者,准敕处死者。诸州县准敕,牒诸坊诸乡,收僧尼衣服,将到州县尽焚烧。

又有敕令天下寺舍奇异宝佩、珠玉、金银,仰本州县收检进上。

又有敕云:"天下寺舍僧尼所用铜器、钟磬、釜铛等,委诸道盐铁使收入官库,且具录闻奏者。"

有敕断天下独脚车,条疏后,聊有人将独脚车行者,当处决敛。缘天子信道士教,独脚车碾(轹)破道中心,恐道士心不安欤。

有敕断天下猪、黑狗、黑驴、牛等,此乃道士着黄,恐多黑色厌黄令灭钦。令近海州县进活獭儿,未知其由。近有敕,令诸道进年十五岁童男童女心胆,亦是被道士诳惑也。

唐国僧尼本来贫,天下僧尼尽令还俗,乍作俗形,无衣可着,无物可吃,艰穷至甚。冻饿不彻,便入乡村,劫夺人物,触处甚多。州县捉获者,皆是还俗僧。因此,更条疏已还俗僧尼,勘责更(甚)。……

十一月三日,大使来到庄上,相看安存。……(见说)三四年已来,天下州县准敕条疏僧尼,还俗已尽。又天下毁拆佛堂、兰若、寺舍已尽。又天下焚烧经像、僧服罄尽。又天下剥佛身上金已毕。天下打碎铜铁佛,称斤两收检讫。天下州县收纳寺家钱物、庄园,收家人奴婢已讫。唯黄河已北,镇、幽、魏、潞等四节度,元来敬重佛法,不毁拆寺舍,不条疏僧尼。佛法之事,一切不动之。频有敕使勘罚,云:"天子自来毁拆焚烧,即可然矣。臣等不能作此事也。"

十一月十五日……近有敕,天下边州,应有还俗僧尼并仰所在知存亡,且不令东西。缘还俗僧张法满,京兆府准敕递归西蕃,被递送到凤翔节度府,缘节度使重奏,敕旨且令凤翔府收管,不要递入西蕃。因此,天下边州还俗僧尼亦不令东西。……

（会昌六年）五月一日……新天子姓李，五月中大赦，兼有敕天下每州造两寺，节度府许造三所寺，每寺置五十僧。去年还俗僧年五十已上者，许依旧出家。其中年登八十者，国家赐五贯文。还定三长月，依旧断屠③。

注释

①**西州**：为泗州之误。

②**内园**：即内家之园，皇帝专用的御园。

③**断屠**：禁止杀生。

译文

……二十二日，到泗州（今江苏宿迁东南），该州是徐州节度府管辖。泗州普光寺亦是天下著名的寺院。现在，庄园、钱物、奴婢全被官家没收。寺中清寂，没有人来往。州司奉敕命正准备拆毁该寺。

二十三日……从盱眙县去扬州……在路上遇见了裴舍人，曾经担任海州刺史，今年春天诏入，被贬为台州长史。更有翰林博士，贬谪为外州司马，因此相见互道："五月二十九日离开长安。在城里时，城中的僧尼都已还俗完。照敕令每寺只留三纲，勘检钱物，等官家核清查收钱物后再行遣发还俗。""各寺现在都已开始着手拆毁,只有章敬、青龙、安国三寺,留下作为内园。"

二十八日到扬州,看到城里的僧尼都裹着头,被遣还原籍,准备拆毁寺院,钱物、庄园、钟等都由官家没收。最近又有敕令的文告来,称:"天下铜佛、铁佛像全得毁碎,称定斤两,由盐铁司收管,并一一上奏报告。"……

(八月)十六日到登州,萧端公新来赴任。有敕令下来,称:"天下的金、铜佛像一概由当地州县的司役剥取其金,称量进上。"……

登州虽是偏处北陲,但沙汰僧尼、毁拆破坏寺舍、焚烧毁坏经像、没收寺院的财物,和京城长安并无任何差别。而目睹在佛像上刮削金屑,砸碎铜铁佛像,称斤论两地收拾,心里的痛苦真是难以言明。天下的铜铁佛像、金佛像不知有多少数目,都遵照敕令而毁砸殆尽,化为尘土之物了!……

(七—八月)近日有敕令,将天下还俗僧尼的缁服,全由本州县收来焚烧。担心贵族绅士、亲属仆从恃势将其藏匿在家中,暗中又披之作法,死灰复燃。此事务须加检核,全部焚烧以后,再上报详情。如焚烧以后,还有僧尼不肯交出缁服,一经发现,即奉敕处死。诸州县奉敕后布告各乡各坊,收缴僧尼的衣服,集中到州县全部焚毁。

又有敕令将天下寺舍的各式奇异宝佩、珠玉、金银等宝物由本州县收检上呈。

又有敕令说："天下寺舍所用的铜器、钟磬、釜铛等物件由诸道盐铁使收纳进官库，并一一登录上奏。"

又有敕下禁止天下用独轮车，此条颁布后，有敢再用独轮车的，当场处死，格杀勿论。因为圣上笃信道士教，而独轮车碾破了道的中心，让道士惊恐不安。

又有敕令禁天下的猪、黑狗、黑驴、黑牛等，这是因为道士着黄衣，怕黑色太重将黄色压掉了。又让沿海各州县进呈活的獭，也不知是什么缘由。又有敕，命令各道进呈年仅十五岁的童男童女的心胆，这也是圣上被道士们诳惑而做的蠢事。

大唐国的僧尼本来就很穷，天下的僧尼被强制全部还俗，刚刚开始世俗的生活，没有衣服穿，没有食物果腹，艰苦困难至极。他们冻饿不能忍受，便到乡村去劫掠钱物，所到之处，触目皆是。州县所抓获的，都是还俗的僧尼。由于这个原因，淘汰还俗僧尼的工作，勘责得更加严格。……

十一月三日，大使到庄园来看望问候。……相告说，三四年来天下的州县奉敕令淘汰僧尼，强制僧尼还俗的工作已完成了。天下毁拆破坏的佛堂、兰若、寺舍已经完成。天下的经像、僧服也毁坏焚烧得差不多了。天下剥削佛像金屑的工作也已做完了。天下砸碎铜铁佛像，将其论斤称两收缴的工作也已完成。天下州县没收寺院的钱物、庄园，遣发家人奴婢的工作也已完成。只有黄河以北的镇（今河北正定）、幽（北京附近）、魏（今河北大名）、潞（今山西潞城）等四节度使辖内例外，因该地原本即敬重佛教，故不拆毁破坏寺庙，不淘汰僧尼。佛法的事，没有受到丝毫的干扰。圣上频频派使节来催促责罚，他们说："皇上自己到这儿来拆毁焚烧，不就结了。微臣等没法做这事。"

十一月十五日……最近又有敕令，天下所有边境州郡，应还俗的僧尼，要知还俗后的所在，不能任其随便押走。因有还俗僧张法满，京兆府奉敕将其遣归西蕃，当遣到凤翔府节度使，时因节度使再次请示，敕令由凤翔府代为收管，不再遣往西蕃。照此例，凡边境的还俗僧，不再遣归。……

会昌六年（公元八四六年）五月一日……新天子姓李，在五月中大赦天下，并敕令天下每州新造两座寺院，节度府所在地允许造三座寺院，每寺额配五十名僧人。去年强制还俗的年龄在五十岁以上的僧人，可以仍旧出家为僧。其中年龄在八十岁以上的，由国家赐给五贯钱。恢复了三长月，在三长月里禁止杀生屠宰。

源流

1　最澄、圆仁与天台宗

圆仁出于最澄一门，专攻天台宗。圆仁入唐求法的目的十分明确，即到中国佛教天台宗祖庭天台山国清寺请教求法，重整本宗。由于唐朝地方政府的烦琐公文，圆仁的计划搁浅，没能如愿。但每当谈起天台宗和天台山时，圆仁仍不自觉地流露出一种别样的激情，景慕之情，溢于言表。

与天台宗的关系，可溯至圆仁的师父最澄。最澄十二岁从僧人学，不久剃度为僧。十九岁那年在奈良东大寺受戒。不久他回故乡，在比睿山建了一座小小的茅庵修行。他以唐朝僧人鉴真带来的天台宗典籍为指导，苦心钻研天台宗，十余年没有下山。

公元八〇七年，最澄随遣唐使团到中国，并终于到了他多次在梦中到达的天台山。在那儿，最澄研究和抄写经文，并从天台宗中兴之祖荆溪湛然的弟子道邃、行满处学到了正统天台宗的传授方法和独特的大乘圆顿戒。第二年，最澄携在唐求得的数百卷经卷回国。朝廷批准了他的请求，将天台法华宗立为独立的宗派，于是，他以比睿山寺为本寺，创立了日本天台宗。

圆仁在十五岁那年上比睿山，并成为最澄的忠实弟子和继承人。在最澄圆寂后七日，设立天台宗大乘戒坛的请求被批准了，寺名改为延历寺。圆仁在那儿讲说佛法，主持各种宗教仪式。以后，圆仁受师父梦中的训诫，赴唐求法。在唐期间，他曾从道邃的弟子宗颖传学圆教止观的玄旨。圆仁回国后，成为第三代天台座主。

最澄在接受道邃、行满二师的传承的同时，还以自己的慧眼在台、密、禅之上加上了圆戒，合四宗成为一个天台宗，奠立了比睿山佛法的基础。到圆仁时，始完成师父的未竟之业，设十禅师、修净土院庙供，在食堂设置天台大师供等。到智证大师圆珍提出五时五教进行教判，乃至五大院的安然时，日本天台宗的教相判释才最后完成。

尽管日本的天台宗与中国的天台宗在思想、义理方面不很相同，但它保留了天台宗的最基本的思维方法——圆融三谛，并以此统摄密、禅二宗。所以，日本的天台宗人常常提及最澄在初会行满时，行满欣喜异常，视最澄为东传教义的神使。而圆仁对天台宗，也有一种特别的亲切之感。

公元十三世纪，日本僧人日莲根据日本天台宗所依《法华经》的理论，主张称念"南无妙法莲华经"经题，创立日莲宗。后来又派生出日莲正宗和灵友会等，到现代，日本又有创价学会和立正佼成会成立。在中国，继"会昌法难"之后，又有唐末五代的战乱，天台宗的教典也多遭湮灭，于是便有吴越王钱俶遣使到日本（一说高丽）访寻天台教典。这也从一个侧面反映了佛教文化传播的曲折历程。

在最澄、圆仁求法唐朝时，正是印度的善无畏、金刚智、不空等三藏来中国大力弘传密教，密教盛极一时的时代。日本的入唐僧很少有不接受密教传授的。最澄与同伴义真在唐时，曾从越州龙兴寺顺晓阿阇梨受传密教，并秘密灌顶。最澄将密教带到了比睿山。圆仁入唐，从元政、义真学密教。回国后复制了从中国带回的大曼荼罗法坛，这便是天台宗密教（简称台密）。它与东寺密教（东密）系统相辉映，成为日本佛教的一个突出特点。

最澄、圆仁也将禅宗传入日本，但禅宗在日本的正式弘传，则要晚一些。它开始于入宋参学归国而首创临济宗的荣西（公元一一四一——一二一五年）。

2 《入唐记》与会昌法难

曾有美国学者将圆仁的《入唐记》称为"古代东方三大游记"之一。的确,《入唐记》是有资格荣膺这一美誉的。圆仁在唐求法期间,适逢唐武宗灭佛,圆仁以自己的亲身经历和所听所闻,详细地记下了这场被称作"会昌法难"的事件,成为后人了解这一事件不可或缺的珍贵历史资料。为了更好地理解圆仁的记述,我们拟分几个方面透视这一事件。

唐代的宗教政策

我们着重要说的是作为唐王朝的代表人物——皇帝对宗教(主要是佛教和道教)的态度及政策,对此作一些扼要介绍,使读者明了"会昌法难"的历史背景。

唐高祖李渊生于隋朝，自然受文、炀两帝佞佛的影响。在做隋朝的郑州刺史时，他九岁的二儿子李世民病了，李渊便到庙里祈祷，世民的病好后，李渊便造了一尊石佛像送到庙里供养。李渊得天下后，以老聃为唐祖，所以，对道教较为优渥。

在高祖晚年，鉴于僧侣中有道德败坏、腐化堕落的行为，便下令沙汰僧道，规定僧尼、道士女冠等有精勤练行、守戒律的，让其到大的寺观中居住，由官家给予衣食，不使他们有衣食之虞。对那些道行平凡，又不守戒律的，便不再供养，勒令还乡。长安城留寺院三所，道观二所，各州各留一所，其余一概取消。两个月后，高祖下敕天下僧尼、道士女冠一仍其旧，等于撤销了沙汰僧道诏。唐初的整肃宗教活动遂告终结。又过了两个月，高祖便被迫当了太上皇。

唐太宗崇尚文治，认为佛法无益于平天下，梁武帝父子还因为好释老而丢了江山。虽然如此，太宗也没有像反佛人士所期望的那样大肆排斥僧尼。在他看来，佛教作为"国之常经"，应以不扰民为务，在释道关系上，太宗下敕尊老聃为祖宗，确定道教的名号在佛教之先。太宗留心学问，旁及释典，一些僧人便蒙恩受到召见。太宗晚年，在征辽之后，气力不如往昔，于是颇为留心佛法（也信方士药石），亲刻《圣教序》，敕令天下度僧尼。对由印度求法归来的玄奘也极为优礼。

高宗继承了太宗优礼玄奘的传统，不仅亲自撰写经序，还派了一班大臣去帮助玄奘的译经工作。对译经的态度也极严肃，当高宗得知在译经时为了避讳，将"世尊"改为"圣尊"时，便表示，译经上的话，哪能有所避讳，于是下令改了过来。

在佛道两家谁先谁后的问题上，高宗采取了一种折中的办法，在公私集会时，道士女冠处东方，僧尼处西方，不论孰先孰后。在高宗时，还颁布了"僧尼不得受父母及尊长礼拜诏""令僧道致拜父母诏"，从此以后，"沙门不敬王者论"便销声匿迹了。这表明，作为外来文化的佛教其中国化的程度。此后的几个皇帝，对佛教采取的态度也基本如此。

武则天是唐代极罕见的崇尊佛法的皇帝。在她执政时，因为《大云经》的附会为她当皇帝提供了理论依据，所以，她对佛教甚为礼遇（该经可能是有些僧人为取悦武氏而伪造的）。武则天还派人去于阗取来梵本《华严经》，并亲自出面组织翻译；她还请了禅僧于内道场供养。武则天还开了沙门封爵赐紫之例。在佛道两家先后问题上，武则天明确下诏指出佛教当在道教之先，这在整个唐代都是一个例外。

武则天以后各个皇帝，都是遵从祖制，尊崇道教，对佛教的活动有所限制。虽然他们个人甚至可以灌顶受戒，成为佛菩萨弟子，但这并不妨害他们立国政策中贯彻对佛教实行限制的政策。比如玄宗，一方面，他可以邀请不空和尚进宫，自己也受戒，另一方面，却颁发不少诏书、敕文，力图用国家的强制命令来限制佛教僧尼的活动。

到了武宗时，因为个人偏信道教憎恶佛教，便发生了大规模毁灭佛法的"会昌法难"。但这种极端行动持续的时间很短，武宗逝世后，他的继任者便放弃了这种过激的行为，恢复了佛教徒应有的地位。

唐朝时期，皇帝对佛教采取的是一种有限制地利用的政策，佞佛和极端排佛都是一种特殊的例外，可能正是因为这样，使隋唐时期成为中国佛教最为昌盛的时代。

会昌法难

依照《旧唐书》《资治通鉴》等书的记载，"会昌法难"主要是指会昌五年武宗皇帝的废佛诏书。而圆仁的《入唐记》却以亲历者的目击来告诉我们这场法难发生、发展的全部过程。

武宗在藩时，就喜欢道教，信仰长生不老之术。即位后不久，召道士赵归真等八十一人到宫中，在三殿修金箓道场，武宗亲自到三殿在九天坛受法箓。不久，对佛教态度较为强硬的李德裕被任命为宰相。李是圆仁的老熟人了，扬州都督府的李德裕相公好像还是一位不可多得的佛教事业庇护者。圆仁所不知道的是，这位李相公在任浙西观察使时便上奏批评王智兴在泗州立戒坛，认为这是不合适的。以后，李德裕治蜀时，又拆毁管内浮屠私庐数千，将土地赐给贫穷者。

蜀先主祠边有一个叫猱村的地方，那儿的百姓都剃发像和尚，但照样蓄妻养子，德裕下令禁止，蜀中风气为之一变。对招摇过市的方术之士，李德裕也主张严禁。武宗对佛教的厌恶以及李德裕的入阁，反佛的条件正在成熟。当圆仁不无激动地记述李德裕任宰相时，他不知道，佛教的大劫难就要到来了。

会昌二年三月三日，因为宰相李德裕的上奏，武宗下敕勒令遣返保外僧人，不许随便收养童子沙弥。接着，长安的两街功德使又下公文查勘外国僧人的艺业。五月二十九日，又有新的情况表明佛教在皇帝那儿失宠（皇上下令停止了两街各二十名派往宫内讲经的内供奉大德。其实早在上年六月十一日皇帝诞生日，僧道奉敕依例到御前论议，两位道士得到赐紫，而僧门大德却无此殊荣）。

十月九日，武宗下令将天下僧尼中懂炼金术、咒术及其他左道之人、军中的逃兵，身有杖痕、刺字的在逃犯及有前科的犯人，各种身有技术的，曾犯有奸淫、蓄妻之罪，不修习戒行的，一律强制还俗。僧尼中私人拥有钱粮田地的，一律收归官中，如该僧等爱惜钱物，愿意还俗的，一并勒令还俗，成为国家的齐民。长安的两街功德使通知各寺院，关闭门户，不得放僧尼外出。此番两街共还俗僧尼三千四百九十一人。各道亦照此行事。

另外又规定，僧尼所蓄奴婢，僧允留奴一人，尼许留婢二人，其余任本主领走，无家可归者，由官家贷卖。僧尼除三衣一钵外的资财，由官中收贮，等敕令再行处理。那些身有武艺以及通解各种丹药道术的，一概不得留下，更不得私自削发剃度。由于佛教的庇护者仇士良力争，武宗允许长安城的还俗僧迟滞了一百日。

会昌三年正月十七日，这三千多人还俗完毕。二十七日，仇士良召见在长安的外国僧人，慰问有加。

会昌三年二月一日，功德使通知不让还俗僧到寺中，不得留宿寺中，不得在长安和城镇逗留。

六月一日，武宗下诏焚毁太子詹事韦宗卿所进《涅槃经疏》二十卷、《大圆伊字镜略》二十卷。武宗还下令追毁韦的草稿，将韦谪为益州刺史。在敕文中，武宗斥佛为西戎之人，经疏是胡书。韦宗卿身为朝廷高官，不以弘扬孔墨为业，反而会集妖妄，愚惑民人，实是咎由自取。

二十三日已解官在家颐养天年的佛教庇护者仇士良病薨，两天之后，仇的四名亲信被处以满门抄斩。

九月，河北道潞府节度使刘从谏反叛，潞府长安办事处的官员逃脱，有人告发他已剃度为僧人。于是武宗下令查抄长安城中的僧人，凡没有公案的，一律勒令还俗，遣返原籍。

会昌四年正月，宰相李德裕、李绅等奏定断屠日。将佛教的三长月不杀生改为道教的三元月断屠。三月又下敕不许供养佛牙。如有违者，送一钱脊杖二十，僧人受一钱，亦脊杖二十。又奉敕查勘没有祠部旅行证明的僧人，就地处死。

长生殿道场一直是安置佛教经像的，并由两街派二十一名持念僧轮流到那儿持念。这时，武宗命令焚烧那儿的佛经，毁拆佛像，将诸僧遣归各寺，在道场安置了天尊老君像。这年圣诞时，不再请僧大德到御前论义。

又下令不许僧尼在街中行走，不得违犯午斋钟，不许借宿别寺。如有违者，科违敕之罪。道士们又在武宗身旁添油加醋，以增强武宗对佛教的憎恨。如道士们上奏说，孔子所说黑衣继十八子为天子，那黑衣便是僧人。十八子既作李解，又可作武宗为唐第十八代解。

七八月间，武宗下令拆毁天下山房、兰若、普通佛堂、义井、村邑斋堂等不到二百间，不在寺额内的僧尼一概还俗。同时，又敕令毁天下尊胜石幢、僧墓塔等。

十月，又下令毁拆天下小寺，将经、佛移到大寺，钟送道观。

会昌五年三月（《佛祖统纪》中此敕是四月，《资治通鉴》为五月），武宗下敕不许天下寺院置庄园，又下令祠部查核天下佛寺、僧尼及其财物的数目。

长安的僧尼分成三种情况区别：身有艺业者配到军中，无专长但年少健壮者贷卖，老弱者填宫充杂役。不久，又规定年五十以下僧尼一律还俗，遣归原籍。五十以上在祠部没有登录的，同样处理。在祠部登录的，再反复勘检，如登记证有疑问的，也一概还俗。在长安，勘检工作由军人担任。勘检合格者归入军籍。

这时，又传出一个消息，武宗想趁仙台落成庆典之际，将他素来憎恶的僧尼会集左军，砍了他们的头以填挖土而成的深坑。这个消息落下了法难最浓重的一笔。长安城的僧尼都惊得六神无主，目瞪口呆。多次求去不得的外国僧人也纷纷准备离开。

四月一日以后，还俗的步伐加快了。四十岁以下的僧尼还俗，每天三百人，十五日后完毕。十六日到五月十日，五十岁以下的也还俗完毕，此后，五十岁以上的开始还俗。

七月，武宗下敕省天下佛寺。两部两街各留两所、每寺留僧三十人。（圆仁其时已踏上归程，但他在路上也记下了地方上执行此令的情况。）所有废寺的铜像、磬、钟，均收缴盐铁使销毁铸钱。

八月，武宗又下诏宣布废佛结果，申论排佛原因。据敕令，全国共废大中寺院四千六百所，小的庙宇四万多处，还俗僧尼二十六万五百人，没收良田数千万顷（万国鼎《中国田制史》以为数千万乃数十万之误，见该书二一五页）。武宗重申：大唐以文武之道经邦，岂可以区区西方之教与我抗衡哉！

由于武宗的强制手段，将上万的僧尼推向社会，给地方的社会治安带来不少问题，在圆仁的记载中，就有还俗僧滋事生非的。不过也有例外，黄河以北的镇、幽、魏、潞等四节度使便公然蔑视皇帝的权威，公开对抗敕令，拒不执行淘汰僧尼的命令。他们还对使节说：若要毁拆经教，就让皇帝自己来吧，我们可做不了此等事！武宗对此也无可奈何。这固然是唐代后期藩镇割据的写照，但也从一个侧面反映了贸然对有一定群众基础的宗教进行如此粗暴的处置是欠妥的。

会昌六年，武宗因食仙药而暴卒，新继位的天子改年号为大中，他便是宣宗。宣宗即位后，便在闰三月宣布恢复佛教，他还下令处死蛊惑武宗排佛的道士赵归真、刘玄靖等。圆仁是在风尘仆仆的旅途中得知这一消息的，这已是五月一日了。

3　入唐八家

通常人们将佛教传入日本的时间定为公元六世纪，其中又将公元五三八年百济圣明王派使者给日本送去佛像、经论当作"公传"（佛教传入日本之始），而此前中国梁司马达等传入之佛教则称"私传"（民间传入）。我们知道，日本的佛教是经由朝鲜半岛传入的，所以，无论是公传还是私传，中国在日本佛教的流传方面是有不可估量的作用的。

佛教传入日本，中国的鉴真和尚功不可没。而日本的入唐八家更是开创了日本佛教天台宗和真言宗的时代。所谓"入唐八家"，是指天台宗系统的最澄、圆仁、圆珍，密宗系统的空海、常晓、圆行、慧运、宗睿等，他们都先后作为留学僧或学问僧到唐朝求法。与留学生不同，留学僧并没有统一的佛学院可上，他们必须分别到各个寺院去拜师。因此，在唐朝学习期间，留学僧们极注重书籍、经典、佛像、佛画和佛具的搜集、抄写和复制。他们带回了大量的典籍文物，并各自留下了入唐带回的典籍文物目录。唐代管理留学僧徒的机关前后有所不同，先是祠部，后是左右街功德使，前后则是鸿胪寺。

最澄在公元八〇四年入唐，到天台山学法，八个月后，最澄携所求经论章疏传记二百三十部（四百六十卷）、真言道具十余种、拓本真迹等十七种回日本。最澄回到日本后极受天皇赏识，并正式创立日本天台宗。最澄的弟子圆仁亦是入唐八家之一，他的入唐情况及所携经卷，我们已经有专门介绍，不再赘言。

同为天台宗的圆珍，是弘法大师空海的外甥，十四岁入比睿山。公元八五三年八月，圆珍乘唐商船入唐漂至福州连江。他先在福州开元寺，从中天竺僧般怛罗三藏习梵文，并得诸部经疏二百余卷及密教法器等。后来圆珍又入天台山国清寺，从物外学止观之教，并抄得天台宗教法三百卷左右。后又到越州开元寺，从良谞学天台教义。

公元八五五年五月，圆珍与圆载一起去长安，他们入青龙寺拜谒法全和尚，受瑜伽密旨，并登三部三摩耶灌顶坛，受传法阿阇梨位灌顶法；在大兴善寺拜谒智慧轮三藏，受传两部密旨，得新译持念经轨等。公元八五六年，圆珍又在国清寺止观院建止观堂，以成全祖师最澄的愿望。

公元八五八年，圆珍携经论、章疏、传记等共四百四十一部（一千卷）、真言道具十六种、曼荼罗数幅、杂碑铭文等拓本数种回日本。第二年，他在三井圆城寺创建唐院，以后又出任延历寺座主、御前讲师、少僧都等。公元八九一年，圆珍圆寂，公元九二七年醍醐天皇赐"智证大师"谥号。圆珍一生著述甚多，有《法华论记》《大慈藏瑜伽记》《圆多罗义集》等，另有游唐日记《行历钞》（仅存节录）。日本小野胜年公元一九八二年出版有《入唐求法行历之研究——智证大师圆珍篇》最为翔实。传教大师最澄在鉴真、法进等人的基础上，开创了日本的天台宗。日本天台宗在中国天台宗基础之上又吸取了金刚智、不空的真言宗以及达摩传来的禅宗，成为一大圆教。

空海俗姓佐伯，赞歧国（今香川县）多度郡人。公元八〇四年，空海与最澄同时赴唐，他到长安后住进了西明寺，遍访各地高僧。当他到长安青龙寺拜谒慧果阿阇梨（曾向不空学金刚界，向善无畏的弟子玄超学胎藏界）时，慧果向他说："我早就等你来了，怎么现在才来！"慧果十分欣赏他的才智，传授他金刚界《大悲》

《胎藏》两部大法，并为他灌顶，授法号"遍照金刚"，并指定他为中国真言密教的第八代祖师。空海还从罽宾国僧般若三藏和青龙寺僧昙贞学梵语。

空海回国后，公元八一六年，奏准天皇在纪伊国（今和歌山县）的高野山开始建立金刚峰寺，数年以后，成为可与最澄的比睿山相抗衡的山岳寺院。公元八二三年，嵯峨天皇又将东寺（平安京中的官寺）授予他，并赐寺名为"教王护国寺"。空海常居于此，并出入宫中。他还先后被任命为少僧都、大僧都。

公元八三五年，空海圆寂，公元九二一年，醍醐天皇赐予他"弘法大师"谥号。他的著作较多，主要有《即身成佛义》《十住心论》《秘藏宝钥》《般若心经秘键》《二教论》等。

空海由唐朝携回的经论、章疏、传记等共二百一十六部四百六十一卷，其中新译经等一百四十二部二百四十卷，梵字真言赞等四十二部四十四卷，论疏章三十二部一百七十卷；胎藏金刚界等曼荼罗、祖师影等十幅，真言道具九种，慧果阿阇梨付嘱物十三种。空海以《大日经》《金刚顶经》《苏悉地经》为根本经典，以《释摩诃衍论》、《菩提心论》及《大日经疏》作为辅助的论释，又参酌其他各种经论及轨仪，创立了日本的真言宗。

空海还是成绩卓著的文学家、书法家和教育家。由其弟子真济编成的《性灵集》（十卷），收录了他的诗赋、表文、碑铭等，是重要的文学作品。他的另一部著作《文镜秘府论》，具有很高的学术价值。他还创办了日本最早的私立学校之一——综艺种智院。

圆行是空海的弟子，与圆仁同时入唐，到长安从青龙寺的义真习密教，带回经论章疏六十九部一百二十三卷及佛像、佛具、佛舍利等，圆行回国后奉敕为山城北山灵严寺开山祖。

与圆行同时入唐的常晓亦是空海的弟子，他入唐后到淮南，从栖灵寺的文璨学密教。常晓带回经论三十一部六十三卷及佛像、佛具，并将请来的大元帅像安置在山城宇治的法琳寺，开始行大元帅密法。

慧运（惠运）于公元八四二年入唐巡拜五台山圣迹，在长安青龙寺从义真学密教，带回真言经轨等一百七十卷。后奉仁明天皇敕，为山城安祥寺开山祖。

宗睿作为平城天皇的皇子真如法亲王（即高丘亲王）的从僧，于公元八六四年入唐，朝拜五台山圣迹，登天台山，在大华严寺举行千僧法会，又到长安、洛阳求学。回国时带回经论章疏一百三十四部一百四十三卷。宗睿以后又任东寺长者、僧正。宗睿除随义真受天台教义，还从圆仁、圆珍习密教，他兼受东密、台密二传,是弘法大师空海门下的一个异流。

在讨论入唐八家对日本佛教的贡献时,我们不应忘记另外两个人,一是灵仙,一是圆载。灵仙是随公元八〇四年出发的第十二次遣唐使入唐的,曾在长安醴泉寺和般若三藏等翻译《大乘心地观经》梵策,是日本留学僧中唯一参与译经事业的人。后居五台山,死于灵镜寺。据圆仁的记载,可能是被人毒死的。

圆载与圆仁同时入唐,到天台山国清寺,将比睿山诸法师提出的有关天台宗疑难问题五十个提交广修、维蠲二高僧解答。圆载同时从二师学天台宗。公元八四三年,圆载派弟子仁好等回国送"唐决",并表请朝廷补助衣食。天皇曾两次赐金共三百二十两。公元八五〇年天皇敕牒表彰圆载"勤求圣道",并赐"传灯大师"称号,是当时唯一在生前受此殊荣的留唐僧。

以后,圆载又从青龙寺法全受诸仪规、胎藏界和金刚界灌顶,从越州开元寺良谞受天台法华宗法文秘要四十五卷。公元八七七年,圆载带着四十年来搜求的数千卷九流三教典籍回国,不幸遇风暴死于海难。

圆载在唐四十年,颇受朝野人士的尊重。唐宣宗非常重视他的道学,特诏到宫中讲学,并赐予紫袍。在他回国之际,皮日休、陆龟蒙等都赋诗相送。

特别要指出的是,圆珍的《行历抄》曾记载了圆载的失德之事：不修学业、犯尼养妇、谋杀圆修等。中国学者对此提出了疑问，胡锡年的《隋唐时代中日关系中的二三事》（见《陕西师大学报》（哲社版）一九七八年第三期）、武安隆的《遣唐使》（黑龙江人民出版社一九八五年版）都做了分析，他们认为对学业成就极大的圆载来说，不修学业是荒唐的（何况还生前获大师称号呢），而他携回的经典也最为庞大（乾符四年十月因遭船难，没有携回日本）；犯尼养妇是"会昌法难"时的权宜之事；谋杀一事是孤证，不足定案。

据木宫泰彦考证，遣唐留学僧共一百一十六名，除去死于唐朝的留学僧及随从外，共有九十人到唐留学求法，他们对日本佛教的发展产生了不可磨灭的影响。

4　日本佛教史中的圆仁

　　鉴真和尚和他的随从弟子在戒律的传播方面做出了了重大贡献。鉴真到日本后在东大寺建立了戒坛院，使东大寺成为日本佛教的大本营，在平安朝比睿山延历寺建立大乘戒坛以前，无论何人，如不登东大寺的戒坛，或者在它的下院下野药师寺及筑前的观世音寺的戒坛接受戒法，便不能成为大僧人。而最澄、空海传播的台、密二教，也正是奈良朝时由入籍的唐朝僧人逐渐培养起来的潜流，浮现到历史的表面成为汹涌的潮流。

　　朝拜圣迹是日本入唐僧求法的一个目的，它促成了日本山岳佛教的发展。在以往的入唐僧中，都是巡礼天台山。圆仁因为别种机缘，得巡文殊菩萨显灵之地的五台山。尽管桓武朝的学问僧灵仙先圆仁巡礼了此山，但圆仁在扩大入唐僧巡礼范围上仍有重要的作用。

最澄将密教传授到比睿山，圆仁、圆珍进一步推广了密教，形成天台宗密教系统。所谓台密，是按胎金程序的成佛之法。胎金分别指胎藏界、金刚界，它们象征了大日如来的理、智二德，按事、理、因、果来分，前者是理、是因，后者是事、是果。日本的台密系统遵奉因、果的程序。

圆仁还在传教大师的台、密、禅加上圆戒四宗合一成为天台宗的基础上，以"随他意""随自意"来辨别显教、密教，以"理密""事密"来辨别《法华》《大日》两经的异同，为日本天台宗的教相判释开启了先河。他在比睿山的总持院、定心院、法华三昧院、常行三昧院等处广建塔堂，规制舍利会、天台大师供、不断念佛会等法会，大大发展了最澄开创的事业。

此外，圆仁回国后，被敕封为延历寺座主，这是日本有"座主"公称的开端。在他圆寂后，又被朝廷授予"慈觉大师"的谥号，这是日本对僧人授大师谥号之始，他的老师最澄亦同时被追授"传教大师"谥号。

对于我们中国来说，圆仁留下的一部入唐日记是不可多得的珍贵礼，对于日本人和日本佛教来说，慈觉大师也是佛教史中一份珍贵的遗产。

解说

文化交流中的佛教

　　佛教传入日本是公元六世纪的事，当时传入的途径，是朝鲜半岛和中国。而佛教在日本逐渐流行，则是圣德太子时的事。为了求取经论，太子开辟了和中国的交通，这就是遣隋使。通过这个媒介，圣德太子谋求输入中国文化。由于隋朝历史较短，人们不很熟悉遣隋使在中日文化交流中的作用。到了唐代，日本仍延续其向中国学习的政策，先后十五次派遣唐使来中国学习，一方面是为了进行朝贡贸易，另一方面是为了输入唐朝的典章制度和文化。

　　遣唐使，在日本史书中称西海使、入唐使。阵容极其庞大，在大使、副使下，还设有判官、录事，是为遣唐使的四等官。此外还有一些职员，如知乘船事、造船舶都匠、翻译、主神医师、阴阳先生、画师、史生、射手、船师、音乐长、新罗翻译、奄美翻译、卜巫、杂役、音乐生、玉器匠、铜匠、铸匠、细工匠、船匠、水手长、水手等。此外，还带去人数众多的学问僧、学生。遣唐使船队的人数，在开始时有一百二十人到二百五十人，以后，甚至超过了五百人。遣唐使的人选非常严，通常都选择具有高深教养和非凡品格的人充任，因此，学生和学识渊博者较多。

　　日本学术界常将二百多年的派遣入唐使的过程，分成几个阶段来考察。初期是公元六三〇年到六六九年的派遣第五次遣唐使，这是遣隋使的延续，主要目的在于学习中国的文物制度和佛法。另外，便是从当时朝鲜半岛上的角逐关系来理解。

　　公元七〇二年派遣第六次遣唐使到七五二年第九次遣唐使为止，通常被认为是派遣的盛期，这一时期，日本的律令体制已逐渐完备，不久便在奈良都城盛开了灿烂的天平文化之花；在唐朝也出现了开元之治的盛唐时期。

　　公元七七七年以后的派遣通常被认为是末期，就中国方面的原因来说，这是安史之乱后，唐朝国力由盛转衰，社会长期动荡。从日本方面而言，由于长达一百五十多年的学习，开始萌生了一种该学习的东西已经吸收殆尽的思想。

遣唐使的航路，大体可分北路、南路和南岛路三条。北路是从难波的三津浦（可能是今大阪市南区三津寺町附近），循濑户内海西进，在筑紫的大津铺（今博多）停泊，再经壹歧、对马，到朝鲜南岸，然后沿半岛西海岸北上，或由瓮津半岛的尖端横越黄海到山东半岛，或由辽东半岛西端，经庙岛列岛在登州附近登陆，之后陆路由莱州、青州、兖州、汴州、洛阳到长安。

南岛路是从筑紫大津浦径直往西，再沿天草岛、萨摩沿岸南下，经多褹（种子岛）、夜久（屋久岛）、奄美（奄美大岛）前进，横越东海，到中国长江下游地区。

南路是出博多，在平户或五岛列岛暂时停留，等顺风时一气横渡东海，直指长江口或杭州湾附近。后两条路登陆后所走的路线，一般是经扬州、通过大运河邗沟和通济渠到汴州，然后西进长安。

日本学者内藤湖南（日本中国学界两大派之一的京大派的创始人之一）曾说："日本民族未与中国文化接触以前是一锅豆浆，中国文化就像碱水一样，日本民族和中国文化一接触就成了豆腐。"毫无疑问，隋唐时期的中国文化的输入是起了决定作用的，而佛教的传播在其中亦起了不可忽视的作用。

说到佛教的东传日本，我们不会忘记中国鉴真和尚六次东渡弘扬佛法的壮举，更不会忘记如本文所介绍的圆仁等日本僧人的巨大努力。

这里不得不多讲几句关于被称为"入唐八大家"的来中国求法的日本高僧，他们是东寺密教系统的常晓、圆行、慧运、宗睿、最澄、空海、圆仁、圆珍。

比睿山天台宗开宗大师最澄和高野山真言宗开宗大师空海，在九世纪初渡海入唐求法。最澄从天台山修禅寺道邃、佛陇寺行满学习了天台教义，并从道邃受菩萨戒，又从禅林寺翛然受学牛头禅法。第二年又转越州龙兴寺从泰岳灵岩寺顺晓学密教，并受密教灌顶。回日本后，在比睿山开创天台一宗，兼传空教和大乘戒法。

空海在长安历访长安诸刹名德，蒙青龙寺惠果阿阇梨（即慧果）授以金胎两部真言秘藏，尽诸蕴奥，并授以阿阇梨位灌顶。惠果并令画工、经主、铸工李真等图绘所有秘密曼荼罗及书写《金刚顶》等最上乘密经、新造各庄严具并佛舍利相赠。空海回国盛弘密教，在高野山创建根本道场，开启真言一宗的规模。

由于他们及法裔（上述的"入唐八大家"）的努力，天台、真言两宗成为日本平安时期最占优势的两个宗教。我们要指出的是，之所以他们的努力很重要，是因为他们入唐求法的时间正是日本朝野学习中国文化热情的低落期，认为该学习的东西都已经学得差不多了。

中国学者梁启超在论述中国佛教徒不远万里，置个人生死于度外到印度去取经时，指出了有以下原因："一方面在学问上力求真是之欲望，热烈炽燃。一方面在宗教上悲悯众生牺牲自己之信条，奉仰坚决。故无论历何险艰，不屈不挠，常人视为莫大之恐怖罣碍者，彼辈皆夷然不以介其胸。此所以能独往独来，而所创造者乃无量也。"梁任公在这里虽说的是中国佛教徒的事，因为日本的传入佛教与中国有极大的相似之处，所以用它来说明日本留唐僧们也是合适的。

中日佛教文化传播中这种舍身求法、不畏艰险的精神，已经远远地超出了单纯的宗教意义，它成为人们克服困难、争取成功的一种精神象征。

最后，我愿意引英国学者汤因比（Arnold Joseph Toynbee）的一段话作为结束语与读者共勉。汤因比在回答池田大作关于宗教的作用时，说了下面的话：

"战争的不公平，在任何情况下都是伴随着各种文明而产生的两种社会弊病……宗教却是使这一社会维持下去的精神力量。我在这里所说的宗教，指的是对人生的态度，在这种意义上鼓舞人们战胜人生中各种艰难的信念。"

这也就是，宗教对于有关宇宙的神秘性和人在中间发挥作用的艰难性这一根本问题上，给我们所提供的精神上的满意答案；并在人类生存中给予实际的教训规诫，由此鼓舞人们去战胜人生征途上的困难。

附录

入唐新求圣教目录

圆仁

这是圆仁回日本后整理的一个书籍目录，是他入唐求法成果的汇集。据圆仁自己的统计，他在长安、五台山、扬州等处所求得的经论、念诵法门及章疏、传记等共计五百八十四部，八百零二卷；胎藏、金刚界的两部大曼荼罗及诸尊的坛像、舍利及高僧的画像共计五十种。其中长安城所求得的经论、章疏、传记等共计四百二十三部，五百五十九卷，胎藏、金刚界的两部大曼荼罗及诸尊的坛像及道具等共二十一种。五台山所求天台宗的教迹及诸章疏传记等共三十四部，三十七卷，另有五台山风土山貌图三种；扬州所求得的经论、章疏、传记等共一百二十八部，一百九十八卷，胎藏、金刚界的两部大曼荼罗及诸尊的坛像、高僧的画像、舍利等共二十二种。

我们这里所引的《入唐新求圣教目录》，采自日本学者小野胜年所著《入唐求法巡礼行记研究》（第四卷）。小野先生的这个附录以日本京都高山寺所藏《八家各请来录》所收本为底本，并同青莲院所藏本校勘。高山寺本很可能是平安末到镰仓时代的写本。我们这里刊载时，略去了正文前后的说明性文字。之所以选用此件作附录，是想通过此目录让读者明了圆仁的长途旅行，虽然十分艰苦，但还是成绩斐然的。本书作者在这里再次对曾在圆仁研究方面做出贡献的前辈学者，特别是小野胜年博士致以深深的敬意。

1. 圣迦抳忿怒金刚童子菩萨成就仪轨经　三卷　大兴善寺不空三藏译

2. 金刚顶经瑜伽文殊师利菩萨法品　一卷　不空三藏译

（青莲院藏本，以下简称青本，作金刚顶文殊菩萨仪轨供养法）

3. 大威怒乌刍涩摩仪轨　一卷　不空译

4. 佛为优填王说王法政论经　一卷　不空

5. 速疾立验魔醯首罗天说迦楼罗阿尾奢法　一卷　不空

6. 观自在菩萨如意轮瑜伽　一卷　不空

7. 金轮王佛顶要略念诵法　一卷　不空

8. 金刚寿命陀罗尼念诵法　一卷　不空

9. 圣观自在菩萨心真言瑜伽观行仪轨　一卷　不空

10. 金刚顶经多罗菩萨念诵法　一卷　不空

11. 甘露军荼利菩萨供养念诵成就仪轨　一卷　不空

12. 文殊师利菩萨根本大教王金翅鸟王品　一卷　不空

13. 不空羂索毗卢遮那佛大灌顶光明真言　一卷　不空

14. 金刚顶超胜三界经说文殊五字真言胜相　一卷　不空

15. 五字陀罗尼颂　一卷　不空

16. 大日经略摄念诵随行法　一卷　不空

17. 木槵经　一卷

18. 大毗卢遮那成佛神变加持经略示七支念诵随行法　一卷　不空

19. 金刚顶降三世大仪轨法王教中观自在菩萨心真言一切如来莲华大曼荼罗品　一卷　不空

20. 大圣曼殊室利童子菩萨一字真言（又名五字瑜

附录　273

伽法）一卷　不空

21. 金刚顶经观自在王如来修行法　一卷　不空

22. 金刚顶瑜伽中发阿耨多罗三藐三菩提心论　一卷　不空

（又作瑜伽总持教门说菩提心观行修持义）

23. 金刚顶瑜伽他化自在天理趣会普贤修行念诵仪轨　一卷　不空

24. 金刚顶瑜伽降三世成就极深密门　一卷　不空、遍智译

25. 仁王般若陁罗尼释　一卷　不空（青本作金刚顶莲花部心念诵仪轨）

26. 佛说大轮金刚总持陁罗尼印法　一卷　不空

27. 佛说一髻尊陁罗尼经　一卷　不空

28. 阿閦如来念诵供养法　一卷　不空

29. 金刚顶胜初瑜伽普贤菩萨念诵法经　一卷　不空

30. 金刚顶瑜伽护摩仪轨　一卷　不空

31. 陁罗尼门法诸部要目　一卷　不空

32. 大圣文殊师利菩萨赞佛法身礼　一卷　不空

33. 仁王般若念诵法经　一卷　不空

34. 成就妙法莲华经瑜伽观智仪轨　一卷　不空

35. 金刚顶胜初瑜伽经中略出大乐金刚萨埵念诵仪

轨　一卷　不空

36.大乐金刚不空真实三昧经般若波罗蜜多理趣释　一卷　不空

（青本作略记护摩事法次第　一卷　释一卷）

37.金刚顶瑜伽略述三十七尊心要　一卷　大广智三藏述

38.金刚顶瑜伽千手千眼观自在菩萨修行仪轨经　一卷　不空

39.大方广佛华严经入法界品四十二字观门　一卷　不空

40.大方广佛华严经入法界品顿证毗卢遮那法身字轮瑜伽仪轨　一卷　不空

41.观自在菩萨如意轮念诵法仪轨　一卷　不空

42.佛顶尊胜陀罗尼念诵仪轨经　一卷　不空

43.如意轮菩萨真言注义　一卷　不空

44.佛顶尊胜陀罗尼注义　一卷　不空

45.圣阎曼德迦威怒王立成大神验念诵法　一卷　不空

46.金刚王菩萨秘密念诵仪轨　一卷　不空

47.无量寿如来修观行供养仪轨　一卷　不空

48.普贤金刚萨埵瑜伽念诵仪轨　一卷　不空

49.佛说摩利支天经　一卷　不空

50.金刚顶经一字顶轮王瑜伽一切时处念诵成佛仪轨 一卷 不空

（青本作仁王般若经随罗尼念诵仪轨序 新译）

51.仁王护国般若波罗蜜多经随罗尼念诵仪轨 一卷 不空

52.新译仁王般若经随罗尼念诵仪轨序 一卷 不空

53.瑜伽莲华部念诵法 一卷 不空

54.瑜伽翳迦讫沙罗乌瑟尼沙斫讫罗真言安怛陀那仪则 一卷 不空

55.一字顶轮王瑜伽经 一卷 不空

56.一字顶轮王念诵仪轨 一卷 不空

57.大虚空藏菩萨念诵法 一卷 不空

58.略述金刚顶瑜伽分别圣位修证法门序 一卷 不空

59.受菩提心戒仪 一卷 不空

60.般若波罗蜜多理趣经大安乐不空三昧真实金刚菩萨等一十七圣大曼荼罗义述 一卷 阿目佉金刚述

61.金刚顶经金刚界大道场毗卢舍那如来自受用身内证智眷属法身异名佛最上乘秘密三摩地礼忏文 一卷 不空

62.文殊问经字母品第十四 一卷 不空

63. 瑜伽金刚顶经释字母品　一卷　不空

64. 金刚顶瑜伽金刚萨埵五秘密修行念诵仪轨　一卷　不空

65. 十一面观自在菩萨心密言仪轨经　三卷　不空

66. 菩提场庄严陀罗尼经　一卷　不空

67. 一切如来心秘密全身舍利宝箧印陀罗尼经　一卷　不空

68. 八大菩萨曼荼罗经　一卷　不空

69. 金刚顶瑜伽经十八会指归　一卷　不空

70. 大吉祥天女十二名号经　一卷　不空

71. 佛说一切如来金刚寿命陀罗尼经　一卷　金刚智译

72. 大乘缘生论　一卷　不空

73. 大乐金刚萨埵修行成就仪轨　一卷　不空

74. 大药叉女欢喜母并爱子成就法（又名诃哩底母法）　一卷　不空

75. 七俱智佛母所说准提陀罗尼经　一卷　不空

76. 观自在大悲成就瑜伽莲华部念诵法门　一卷　不空

77. 佛说大孔雀明王画像坛场仪轨　一卷　不空

78. 大圣文殊师利菩萨佛刹功德庄严经　三卷　不空

79. 大方广如来藏经　一卷　不空

80. 末利支提婆华鬘经　一卷　不空

81. 佛说十力经　一卷　勿提提犀鱼译

82. 佛说回向轮经　一卷　尸罗达摩译

83. 华严长者问佛那罗延力经　一卷

84. 出生无边门陀罗尼经　一卷　不空

85. 般若波罗蜜多心经　一卷

86. 叶衣观自在菩萨经　一卷　不空

87. 大佛顶广聚陀罗尼经　五卷

88. 不动使者陀罗尼秘密法　一卷　金刚菩提译

89. 修习般若波罗蜜菩萨观行念诵仪轨　一卷　不空

90. 金刚手光明灌顶经最胜立印圣无动尊大威怒王念诵仪轨法品　一卷　不空、遍智译

（金刚峰楼阁一切瑜伽瑜祇经　一卷　南天竺金刚智译）

91. 金刚顶经瑜伽修习毗卢舍那三摩地法　一卷　金刚智译

92. 佛说十地经　九卷　尸罗达摩译

93. 金刚顶一切如来真实摄大乘现证大教王经　三卷　不空

94. 佛顶尊胜陀罗尼咒　一卷

95. 千手千眼观世音菩萨广大圆满无碍大悲心大陀罗尼神妙章句　一卷

96. 金刚恐怖集会方广仪轨观自在菩萨三世最胜心明王经　一卷　不空

97. 大方广曼殊室利经观自在菩萨授记品第三十四　一卷　不空

98. 金刚顶瑜伽念珠经　一卷　不空

99. 大乐金刚不空真实三摩耶经般若波罗蜜多理趣品　一卷　不空

100. 金刚顶经瑜伽文殊师利菩萨法　一卷　不空

（又作五字咒法，青本作金刚顶瑜伽文殊师利菩萨真言经）

101. 菩贤菩萨行愿赞　一卷　不空

102. 百千颂大集经地藏菩萨请问法身赞　一卷　不空

103. 佛说大吉祥天女十二契一百八名无垢大乘经　一卷

104. 阿唎多罗陀罗尼阿噜力品第十四　一卷　不空

105. 一字奇特佛顶经　三卷　不空

106. 底哩三昧耶不动尊威怒王使者念诵法　一卷　不空

107. 能净一切眼疾病陀罗尼经　一卷　不空

108. 除一切疾病陀罗尼经　一卷　不空

109. 佛说救拔焰口饿鬼陀罗尼经　一卷

110. 佛说三十五佛名礼忏文　一卷　不空

111. 诃利帝母真言法　一卷　不空

112. 观自在菩萨说普贤陁罗尼经　一卷　不空

113. 毗沙门天王经一品　一卷　不空

114. 雨宝陁罗尼经　一卷　不空

115. 穰虞梨童女经　一卷　不空

116. 菩提场所说一字顶轮王经　五卷　不空

117. 金刚恐怖集会方广仪轨观自在菩萨三世最胜心明王经　一卷　不空

118. 大威力乌枢瑟摩明王经　二卷　北天竺三藏阿质达霰译

119. 秽迹金刚说神通大满陁罗尼法术灵异门　一卷　沙门阿质达霰译

120. 秽迹金刚法禁百变法经　一卷　沙门阿质达霰译

121. 普遍智藏般若波罗蜜多心经　一卷　摩羯提国三藏法月译

122. 千手千眼观自在菩萨根本真言释　一卷

123. 千手千眼观自在菩萨广大圆满无碍大悲心陀罗尼咒本　一卷　金刚智译

124. 慈氏菩萨所说大乘经生稻秆喻经　一卷　不空
（青木细注　内护摩十字佛顶梵本并布字法　一卷）

125. 北方毗沙门天王真言法　一卷　不空

126. 佛说阿吒婆狗大元率将无边神力随心陁罗尼经

一卷

（青本细注　金刚顶经大瑜伽秘密心地法门义诀一卷、摄大毗卢遮那成佛神变加持经入莲花胎藏海会悲生曼荼罗广大念诵仪轨　三卷）

127.金刚顶莲华部心念诵仪轨梵本真言　二卷

128.大宝广博楼阁善住秘密陀罗尼经　三卷　不空

129.大云轮请雨经　二卷　不空

（青本小注　大云经祈雨坛法　一卷）

130.佛母大孔雀明王经　二卷　不空

（青本小注　佛说金刚顶瑜伽中略出念诵法　六卷）

131.观自在菩萨心真言瑜伽观行仪轨　一卷　不空

132.施诸饿鬼饮食及水法并手印不空三藏口诀　一卷

133.文殊师利瑜伽五字念诵经修行教　一卷

134.转法轮菩萨摧魔怨敌法　一卷

135.大圣妙吉祥菩萨秘密八字陀罗尼修行曼荼罗次第仪轨法　一卷　智金刚译

136.如意轮王摩尼跋陀别行法印　一卷

137.金刚吉祥大成就品　一卷

138.遍照佛顶等真言　一卷　不空

139.千转陀罗尼观世音菩萨咒　一卷　智通法师译

140.圣阎曼德迦威怒王立成大神验念诵法　一卷　大兴善寺三藏译

（青本小注　建立曼荼罗及拣择地法　一卷　慧琳集）

141. 大梵天王经观世音菩萨择地法品　一卷

142. 无动使者法中略出印契法次第　一卷

143. 金刚儿法　一卷（青本作苏薄胡）

144. 大毗卢遮那略要速疾门五支念诵法　一卷

145. 观自在菩萨如意轮陀罗尼　一卷　不空

（青本另有注义）（青本小注　总释陀罗尼义赞　一卷　不空）

146. 奇特最胜金轮佛顶念诵仪轨法要　一卷

147. 摩利支天经　一卷

（青本小注　金刚顶瑜伽莲花部心念诵仪中略集关镍（锁）要妙印　一本）

148. 大随求八印法　一卷　惟谨

（青本小注　金刚顶瑜伽三十七尊出生义　一卷）

149. 金刚顶瑜伽要决　一卷

150. 拔济苦难陀罗尼经　一卷

151. 观自在菩萨心真言一印念诵法　一卷　不空

152. 圣观自在菩萨根本心真言观布字轮观门　一卷

153. 大圣天欢喜双身毗那夜迦法　一卷　不空

154. 大自在天法则仪轨　一卷

155. 金刚顶经观自在菩萨瑜伽修习三摩地法　一卷　清信士马列述

156. 最上乘受菩提心戒及心地秘决　一卷　无畏述、一行记

157. 最上乘教授戒忏悔文　一卷　不空

（青本小注　大毗卢遮那成佛神变加持经莲花胎藏悲生曼陁罗广大成就仪轨　二卷　法全）

158. 略叙金刚界大教王经师资相承传法次第记　一卷　沙门海云记

159. 略叙传大毗卢舍那成佛神变加持经大教相承传法次第记　一卷　沙门海云集记

160. 金刚顶瑜伽要略念诵仪轨法　一卷

161. 观自在菩萨心真言念诵法　一卷　不空（青本又作一印法）

162. 诸佛境界摄真实经　三卷　三藏般若译

163. 不空罥索神变真言经　二卷（青本小注第六和第七）

164. 玉吶怛多罗经　三卷　（不空）

（青本小注　慈氏菩萨略修愈誐念诵法　二卷）

165. 毗那耶律藏经　一卷

166. 大菩提心随求陁罗尼一切佛心真言法　一卷　阿地瞿多译

167. 佛说无量寿佛化身大忿怒迅俱摩罗金刚念诵瑜伽仪轨法　一卷　金刚智译

附　录　283

168. 大轮金刚修行悉地成就及供养法　一卷

169. 电光炽盛可畏形罗刹斯金刚最胜明经　一卷

（青本小注　炽盛光威德佛顶念诵仪轨　一卷）

170. 降三世大会中观自在菩萨说自心陁罗尼经　一卷　金刚智三藏译

（青本小注　金刚顶一切如来真实摄大乘现证大教王经初品中六种曼荼罗尊像标炽契印等图略释　一卷）

171. 金刚童子持念经　一卷

172. 毗卢遮那五字真言修习仪轨　一卷　不空

（青本小注　苏悉地羯罗供养法　二卷　善无畏）

173. 大毗卢遮那胎藏经略解真言要仪　一卷

（青本小注　胎藏教法金刚名号　一卷　义操）

（青本小注　金刚顶大教王金刚名号　一卷　义操）

174. 佛说普遍焰鬘清净炽盛思惟宝印心无能胜总持随求大明陁罗尼自在陀罗尼功能　一卷

175. 金刚忿怒速疾成就真言　一本

176. 梵字佛顶尊胜陁罗尼　一本

177. 梵字菩提庄严陁罗尼　一本

178. 梵字心真言　一本

179. 梵字心中心真言　一本

180. 梵字马头观自在菩萨心真言　一本

181. 梵字军荼利根本真言　一本

182. 梵字乌枢涩摩心真言　一本

183. 梵字军荼利金刚心真言　一本

184. 梵字白伞盖佛顶真言　一本

185. 梵字马头观世音心真言　一本

186. 梵字三界无能胜真言　一本

187. 梵字佛眼真言　一本

188. 梵字七俱胝佛母真言　一本

189. 梵字青颈观音小心真言　一本

190. 梵字文殊师利菩萨真言　一本

191. 梵字文殊师利菩萨八字真言　一本

192. 降三世五字真言　一本

193. 一切如来白伞盖大佛顶陁罗尼　一本

（青本小注　梵语千字文　一本　义净；唐梵两字语论　一卷　不空）

194. 梵字羯摩部一百八名赞　一本

195. 梵字五方歌赞　一本

196. 梵字降魔赞　一本

197. 梵字三身赞　一本

198. 梵字吉庆伽陁九首　一本

（青本小注　梵字入坛场授与弟子真言　一本；梵字普贤十六尊十七字真言并从仪　一本）

199. 一切如来心真言　一本

附录　285

200. 一切如来心印真言　一本

201. 一切如来金刚被甲真言　一本

202. 一切如来灌顶真言　一本

203. 一切如来结界真言　一本

204. 一切如来心中心真言　一本

205. 一切如来随心真言　一本

206. 梵字法身缘生偈　一本

207. 梵字金刚顶瑜伽经真言　一本

208. 梵字贤劫十六菩萨真言　一本

209. 梵字二十天真言　一本

210. 梵字十波罗蜜真言　一本

211. 梵字四无量真言　一本

212. 梵字金刚王中九尊真言　一本

213. 梵字观自在闻持真言　一本

214. 梵字观自在闻持甘露真言　一本

（青本小注　三十七尊异名　一本）

215. 焰口陁罗尼　一本

216. 二十天名并真言　一本

217. 梵字大毗卢遮那经真言　一本

218. 梵字忏悔灭一切罪真言　一本

219. 梵字菩提庄严心真言　一本

220. 梵字宝楼阁心真言　一本

221. 梵字文殊一字三字等并忿怒真言　一本

222. 梵字孔雀明王真言　一本

223. 梵字观自在心真言　一本

（青本小注　梵字佛眼真言　一本）

224. 梵字如来慈真言　一本

225. 梵字金刚延命真言　一本

226. 梵字金刚寿命真言　一本

227. 梵字金刚王真言　一本

228. 梵字大忍真言　一本

229. 梵字欢喜母真言　一本

230. 梵字遏吒薄俱真言　一本

231. 梵字龙猛集六妙真言　一本

232. 梵字辨才真言　一本

233. 梵字大悲心真言　一本

234. 梵字五佛顶真言　一本

235. 梵字大三昧耶真言　一本

236. 梵字叶衣心真言　一本

237. 梵字摩利支心真言　一本

238. 梵字吉祥心真言　一本

239. 梵字三部心真言　一本

240. 梵字八大菩萨真言　一本

241. 梵字不动尊心真言　一本

242. 梵字七俱智真言　一本

243. 梵字多罗真言　一本

244. 梵字马头明王真言　一本

245. 梵字金刚童子（心）真言　一本

246. 梵字童女心真言　一本

247. 梵字灭恶趣真言　一本

248. 梵字请天龙真言　一本

249. 梵字送天龙真言　一本

250. 梵字电光真言　一本

251. 梵字电光心真言　一本

252. 梵字虚空藏真言　一本

253. 施一切众生陁罗尼　一本

254. 文殊剑真言　一本

255. 甘露陁罗尼　一本

256. 须弥卢王真言　一本

（青本小注　大兴善寺贞元经目　一本）

257. 莲花部瑜伽念诵法梵本真言　一本

258. 梵字持世陁罗尼　一本

259. 梵字心真言并小心真言　一本

260. 梵字摩利支心并根本真言　一本

261. 梵字文殊师利根本真言　一本

262. 梵字六足尊心真言　一本

263. 梵字尊胜真言　一本

264. 梵字不空罥索真言　一本

265. 梵字如意轮真言　一本

266. 梵字袈裟加持供养真言　一本

267. 梵字佛慈护真言　一本

268. 梵字广大宝楼阁金刚剑真言　一本

269. 梵字文殊赞　一本

（青本小注　如意轮种子坛样　一本；金轮佛顶种子观　一本）

270. 一切如来菩提心戒真言　一本

（青本小注　五智观门并贤劫十六菩萨名位　一本；无边门坛样　一本）

271. 梵字不动尊镇宅真言　一本

272. 浩像烧香偈赞　一本

273. 最上乘教受戒忏悔文　一本

274. 菩提心戒　一本

275. 用心次第　一本

276. 青龙寺新译经等入藏目录　一卷

（青本小注　唐梵对译千文　一卷　义净）

277. 十六大菩萨一百八名赞　一卷

278. 七佛赞叹　一卷

279. 大方广佛花严经普贤菩萨行愿赞　一卷

280. 降三世金刚一百八名赞　一本

281. 释迦牟尼佛成道在菩提树降魔赞　二卷

282. 三世金刚一百八名赞　一本

283. 十六赞叹　一本

284. 天龙八部赞　一本

（青本小注　九会曼荼罗赞　一本；唐梵普贤赞　一卷）

285. 五赞叹　二卷　两本

286. 如来千辐轮相赞　一本

（青本小注　唐梵两字大圣文殊师利菩萨一百八名赞　一卷；天龙八部赞　一本）

287. 毗卢遮那心略赞　一本

288. 大吉庆赞　二卷

（青本小注　毗卢遮那如来菩提心赞　一卷）

289. 佛顶尊胜真言根本赞　一本

290. 大尊赞　一本

291. 梵字无垢净光陁罗尼　一本

292. 梵字相轮樘中陁罗尼　一本

293. 梵字修造佛塔陁罗尼　一本

294. 梵字置相轮樘中及塔四周以咒王法置于塔内真言　一本

295. 梵字相轮真言　一本

296. 佛部曼陁罗赞叹　一本

297. 观自在法身赞叹　一本

298. 普集天龙八部赞　一本

299. 苏悉地并苏摩呼经梵本　一本

300. 大虚空藏菩萨所问经　八卷　不空三藏译

301. 大慈大悲救苦观世音自在菩萨广大圆满无碍自在青颈大悲心真言　一卷　不空

（青本小注　大随求陁罗尼经　二卷；一字奇特佛顶陁罗尼　一卷）

302. 大毗卢遮那成佛神变加持经莲华胎藏悲生曼荼罗真言集　一卷

（青本小注　广大成就仪轨　三卷　法全；金刚顶莲花部心念诵仪轨　一卷　不空）

303. 普遍光明大随求陁罗尼经　二卷　不空

304. 阿密哩多军荼利法　一卷

305. 大圣甘露军吒利念诵仪轨　一卷

306. 大圣欢喜双身法　一卷

307. 佛顶尊胜陁罗尼别法　一卷　龟兹国僧着那译

308. 乌刍沙摩最胜明王经　一卷

309. 一字顶轮佛顶要法别行　一卷

310. 鬼神大将元帅阿吒薄拘上佛陀罗尼出普集经　一卷

311. 摩醯首罗天王法（要） 一卷

312. 苏悉地羯罗供养真言集 一卷

（青本小注 梵字悉昙字母 一卷 安国寺侃和尚本、梵字悉昙母 一卷 青龙寺和尚本）

313. 梵字普贤行愿赞 一卷

（青本小注 梵字苏悉地羯罗供养真言集 一卷）

314. 悉昙章 一卷

（青本小注 梵本切韵十四音十二声 一卷 元侃述）

315. 大般涅槃经如来性品十四音义 二本

316. 十四音辨 一卷 沙门知玄述

（青本小注 大日经序并献华树样状 一卷）

317. 阿字观门 一卷 沙门惟谨述

（青本小注 百字生字轮 一张）

318. 阿阇梨要义 沙门惟谨述

（青本小注 胎藏毗卢遮那分别圣 一卷；九项尊胜并千手坛样 一张）

319. 略释毗卢遮那经中义 一卷

（青本小注 建立护摩仪 一卷；大坛样并护摩子样 一卷；尊胜佛顶修瑜伽法 二卷 又传二十四张）

320. 大毗卢遮那成佛神变加持经 七卷 善无畏三藏译

321. 大毗卢遮那经略识 二卷

322. 大毗卢遮那经疏　十四卷　一行阿阇梨述

323. 梵网经卢舍那佛说指示门心地品　一卷　摩腾和竺法兰译

324. 梵网经卢舍那佛说菩萨十重四十八轻戒　一卷

325. 梵网经卢舍那佛说菩萨心地戒品　一卷

326. 曹溪山第六祖惠能大师说见性顿教直了成佛决定无疑法宝记坛经　一卷　沙门法海译

327. 仁王般若经疏　三卷　天台

328. 维摩经疏　十卷　豫州刺史杨敬之撰

329. 翻梵语　十卷

330. 法华经圆镜　七卷（缺第四、六、七卷）

331. 华严经疏　二十卷　澄观法师

332. 法华圆镜枢决　一卷　天长寺释延秀集

333. 仁王护国般若经疏　二卷　沙门道液述

334. 金刚辩宗　二卷　沙门道液述

335. 金刚辩宗科文　一卷

336. 阿弥陀经疏　一卷　沙门怀感述

337. 大佛顶疏随文补阙钞　一卷

338. 仁王般若经科文　一卷

339. 大佛顶随疏科文　一卷

340. 父母恩重经疏　一卷　西明寺沙门体清述

341. 安乐集　一卷　沙门道绰撰

342. 五方便心地法门抄 一卷

343. 大方广佛花严经普贤行愿品疏 一卷 沙门澄观述

344. 中观论三十六门势 一卷 沙门元康撰

345. 救谤方等经显正一乘论 一卷 沙门弘说述

346. 净土法事赞 善导和尚撰

347. 百法论显幽抄 十卷 沙门从方述

348. 大乘百法明门论疏 一卷 沙门义忠撰

349. 百法疏抄 二卷 章敬寺沙门择邻
（青本小注 大乘百法论义选抄 四卷 河中金刚述）

350. 大乘百法玄枢决 一卷 河中金刚述

351. 十二有支义 一卷

352. 因明入正理论疏 三卷 沙门基撰

353. 因明入正理论疏 一卷 沙门靖迈撰

354. 因明义断 一卷 沙门惠沼述

355. 十四过类记 一卷

356. 因明义纂要 一卷 沙门惠沼述

357. 因明论科文 一卷

358. 因明论义疏 三卷 沙门利明

359. 因明义选 二卷 欠中卷 沙门罄空录

360. 因明正理门述记 一卷 沙门胜庄述

361. 因明义范 一卷 沙门空相

362. 大乘百法义门抄 二卷 沙门金刚述

363. 因明义心 一卷

364. 因明入正理论义衡 二卷 沙门清素撰

365. 略叙大小乘断惑入道位次 一卷

366. 小乘入道位次 一卷

367. 大小乘入道位次 一卷 智周

368. 十二门论疏翼赞抄序 一卷

369. 宗四分比丘随门要行仪 一卷

370. 大般若波罗蜜经解题 一卷

371. 法华廿八品序 一卷

372. 蛇势论 一卷

373. 念佛赞 一卷 章敬寺沙门弘素述

374. 唯心观 一卷 菩提达摩撰

375. 华严经法界观门 一卷 京南山沙门杜顺撰

376. 大方广佛华严经金师子章 一卷 法藏

377. 法性一心图 一卷

378. 新译经论入藏经录中书门下牒 一卷

（青本小注 贞元新定入藏经录新□□青龙寺东塔院僧义真集录记 一卷）

379. 南阳和尚问答杂征义 一卷 刘澄集

380. 西国付法藏传 一卷

381. 行立禅师述佛性偈 一卷

382. 大唐故弘景禅师石记　一卷　李邕撰

383. 紫阁山大莫碑　一卷　沙门飞锡撰

384. 沙门无著入圣般若寺记

385. 五台山金刚窟收五功德记　一卷

386. 大报无迁论　一卷　讲论沙门知玄述

387. 皇帝降诞日内道场论衡　一卷

388. 傅大士还源诗

389. 征心行路难　一卷

390. 赞西方净土　一卷

391. 长安资圣寺粥利记　一卷　内道场讲论沙门知玄撰

392. 长安资圣寺翻译讲论大德贞惠法师记并碑　一卷

393. 供奉大德义通法师铭　一卷

394. 长安资圣寺宝应观音院壁上南岳天台等真影赞　一卷

395. 天台等真影赞　一卷

396. 九唪十纽图　一张

397. 国忌表叹文　一卷

398. 嗣安集　一卷

399. 百司举要　一卷

400. 两京新记　三卷

401. 加五百字千字文　一卷

402. 皇帝拜南郊仪注　一卷

403. 丹凤楼赋　一卷

404. 曹溪禅师证道歌　一卷　真觉述

405. 甘泉和尚语本并大瞀和尚（以心）传心要旨　一卷

406. 心镜弄珠珠耀篇并禅性般若吟　一卷

407. 长安左街大荐福寺赞佛牙偈　一卷　内供奉三教讲论大德知玄述

408. 会昌皇帝降诞日内道场论衡　一卷

409. 利涉法师与韦斑论　一卷

（青本小注　唐润州江宁县瓦官寺维摩诘碑）

410. 诗赋格　一卷

411. 碎金　一卷

（青本小注　麟德殿宴百寮诗）

412. 京兆府百姓索隐微上表论释教利害　一卷

413. 建帝幢论　一卷　东山泰法师作

414. 杭越唱和诗　一卷

415. 王建集　一卷

416. 进士章巘集　一卷

417. 濮郡集　一卷

418. 庄翱集　一卷

419. 李张集　一卷

420. 杜员外集　二卷

421. 台山集　一卷

422. 杂诗　一卷

423. 白家诗集　六卷

424. 大悲胎藏法曼荼罗　一铺

425. 大悲胎藏三昧耶略曼荼罗　一铺

（青本小注　金刚界八十一尊种子曼荼罗　一铺）

426. 金刚界九会曼荼罗　一铺

427. 金刚界大曼荼罗　一铺

428. 普贤延命像　一铺

429. 释迦牟尼佛菩提树像　一铺

（青本小注　炽盛佛顶坛像　一铺；大随求坛像　一铺；阿鲁力坛像　一铺）

430. 佛顶尊胜坛像　一铺

431. 水自在天像　一铺

（青本小注　大悲胎藏诸尊标记印　一卷；大悲胎藏画像图位　一卷）

432. 大悲胎藏手契　一卷

433. 金刚部诸尊图像仪轨　一卷

434. 炽盛坛样　一纸

435. 八大明王像　一卷　碑本

436. 佛迹并记　一卷

437. 佛眼塔样并记　一卷

438. 金刚智三藏真影　一纸

439. 大广智不空三藏真影　一纸

440. 无畏三藏真影　一纸

441. 青龙寺义真和尚真影　一铺

442. 坛龛涅槃净土　一合

443. 坛龛西方净土　一合

444. 坛龛僧伽志公万回三圣像　一合

445. 鍮钽印佛　一面

446. 白铜印泥塔　一合

447. 金铜五钴金刚铃　一口

（以上是长安求得）

448. 金铜五钴金刚杵　一口

449. 金铜独钴金刚杵　一口

450. 金铜三钴金刚铃　一口

451. 金铜五钴小金刚杵　一口　（内盛佛舍利）

452. 文殊所说宝藏随罗尼经　一卷

453. 无净三昧法门　二卷　南岳大师撰

454. 三观义　二卷　天台大师撰

455. 小止观　一卷　下卷　天台大师撰

456. 行方等忏悔法　一卷　天台

457. 净名经疏科目　一卷

458. 涅槃经玄义文句　一卷

459. 六妙门文句　一卷

460. 法花助记辅略抄　二卷

461. 胜鬘经疏义私抄　一卷　维扬法云寺明空述释上宫疏

462. 大乘显正破疑决　一卷　释道瞻述

463. 天台大师手书　一纸

464. 台山记　一卷　南岳大师撰

（青本小注　达摩碑文　一卷）

465. 四十二字门　二卷　台山桦皮南岳大师撰

（青本小注　文殊所说宝藏随罗尼经　一卷）

466. 随自意三昧　一卷　天台桦皮

467. 圆教六即义　一卷　南岳大师撰

468. 皇帝降诞日于麟德殿讲大方广佛华严经玄义　一卷

469. 请贤圣仪文并诸杂赞　一卷

470. 净土五会念佛略法事仪赞　一卷　南岳沙门法照述

471. 大唐代州五台山大华严寺般若院比丘贞素所习天台智者大师教迹等目录　一卷

472. 天台智者大师遗旨并与晋王书　一卷

473. 荆溪和尚在佛陇无常遗旨　一卷

474. 谏三禅和乘车子歌 一卷 惠化寺超律和尚

475. 思大师歌饩智者台山并智者酬思大师歌 一卷

476. 思大禅师酬鹊山觉禅师诉老诗 一卷

477. 南岳思大和尚德行歌 一卷

478. 达摩和尚五更转 一卷 玄奘三藏

479. 法宝义论 一卷 北齐稠禅师

480. 罗什法师十四利无行 一卷

481. 大师弘教志 一卷

482. 五台山大圣竹林寺释法照得见台山境界记 一卷

483. 沙门道超久处台山得生弥勒内宫记 一卷

484. 五台山大历灵境寺碑文 一卷

485. 五台山土石 二十丸

（青本小注 柴木一条）

（以上五台山诸处求得）

486. 大吉祥天女十二契一百八名无垢大乘经 一卷

487. 一切佛心中心经 一卷

488. 宝星经略述二十八宿佉卢瑟吒仙人经 一卷

489. 陁罗尼集要经 一卷

490. 苏摩呼童子请（问）经 一卷

491. 新译般若心经 一卷 般若三藏译

492. 佛说阿利多军茶利护国大自在拔折罗摩诃布陁罗金刚大神力陁罗尼 一卷 阿地多三藏、日照三藏译

493. 金刚顶莲华部心念诵仪轨　二卷

494. 观自在菩萨如意轮念诵仪轨　一卷　大兴善寺不空

495. 金刚顶瑜伽千手千眼观自在菩萨修行仪轨十卷

496. 普贤菩萨金刚萨埵五秘密修行念诵仪轨　一卷　大兴善寺沙门不空译

497. 金刚顶瑜伽金刚萨埵瑜伽念诵仪轨　一卷　不空

498. 金刚顶胜初瑜伽经中略出大乐金刚萨埵念诵仪轨　一卷　不空

499. 观自在如意轮菩萨瑜伽法要　一卷　金刚智译

500. 如意轮菩萨真言注义　一卷

501. 金刚顶瑜伽千手千眼观自在菩萨念诵法　一卷

502. 叶衣观自在菩萨法　一卷

503. 大佛顶如来密因修证了义诸菩萨万行品灌顶部录出中印契别行法门　一卷

504. 阿閦如来念诵供养法　一卷　不空金刚译

505. 修真言三昧四时礼忏供仪要　一卷

506. 金刚顶经瑜伽十八会指归　一卷　大兴善寺沙门不空译

507. 佛顶尊胜陁罗尼注义　一卷

508. 最上乘教授戒忏悔文　一卷

509. 大元阿吒薄句无边甘露降伏一切鬼神真言　一卷

510. 施燋面一切饿鬼念诵陁罗尼法　一卷

511. 大乐金刚不空真实三昧耶经般若波罗蜜多理趣释　一卷

512. 唐梵对译金刚般若经　二卷

513. 唐梵对译阿弥陁经　一卷

514. 唐梵对译般若心经　一卷

515. 唐梵两字最胜无垢清净光明大陁罗经　一卷

516. 唐梵两字不空罥索真言　一本

517. 唐梵两字青颈大悲真言　一本

518. 唐梵两字一切佛心真言　一本

519. 唐梵两字一切佛心中心真言　一本

520. 唐梵两字灌顶心真言　一本

521. 唐梵两字灌顶心中心真言　一本

522. 唐梵两字结界真言　一本

523. 唐梵两字秘密心真言　一本

524. 唐梵两字秘密心中心真言　一本

525. 唐梵对译普贤行愿赞　一本

526. 唐梵两字大佛顶根本赞　一本

527. 唐梵两字大佛顶结护　一本

528. 唐梵两字大随求大结护赞　一本

529. 唐梵两字大随求结护　一本

530. 唐梵两字天龙八部赞　一本

531. 唐梵两字百字赞　一本

532. 唐梵两字送本尊归本土赞　一本

533. 唐梵两字观自在菩萨赞　一本

534. 唐梵两字弥勒菩萨赞　一本

535. 唐梵两字虚空藏菩萨赞　一本

536. 唐梵两字金刚藏菩萨赞　一本

537. 唐梵两字文殊师利菩萨赞　一本

538. 唐梵两字普贤菩萨赞　一本

539. 唐梵两字除盖障菩萨赞　一本

540. 唐梵两字地藏菩萨赞　一本

541. 唐梵两字满愿赞　一本

542. 唐梵两字毗卢遮那成佛神变加持经吉庆伽陁赞　一本

543. 唐梵两字释迦如来涅槃后弥勒菩萨悲愿赞　一卷

544. 唐梵对译金刚般若经论颂　一卷

（青本小注　梵汉两字莲花部赞　一卷）

545. 唐梵对译法花廿八品题目兼诸罗汉名　一卷

546. 净名经记　五卷　无量义寺文袭述

547. 净名经集解关中疏　四卷　资圣寺道液集

548. 净名经关中疏释微　二卷　中条山沙门契真述

549. 法华经销文略疏　三卷　天长寺释延秀集解

550. 肇论略疏　一卷　东山矩作

551. 肇论抄　三卷　牛头幽西寺惠澄撰

552. 肇论文句图　一卷　惠澄撰

553. 肇论略出要义兼注附焉并序　一卷　沙门灵兴撰

554. 因明糅抄　三卷　章敬寺择邻述

555. 因明义断　一卷　大云寺苾刍沼述

556. 因明入正理义纂要　一卷　大神龙寺沼集

557. 劫章颂　一卷

558. 劫章颂疏　一卷　岑山沙门遍知集

559. 劫章颂记　一卷　沙门道诠述

560. 劫章科文　一卷

561. 智者大师修三昧常行法　一卷

562. 五方便念佛门　一卷　智者大师述

563. 观心游口决记　一卷　智颛大师述

564. 四十二字门义　一卷　南岳思大师述

565. 释门自镜录　五卷　僧惠祥集

566. 观心十二部经义　一卷　天台灌顶述

567. 形神不灭论　一卷　云溪沙门海云撰

附　录　305

568. 法华三昧修证决　一卷

569. 天台智者大师所著经论章疏科目　一卷

570. 鸠摩罗什法师随顺修多罗四悉坛义不堕员门　一卷

571. 大般若经开兼二十九位法门　一卷

572. 量处重轻仪　一卷　道宣缉叙

573. 羯磨文

574. 略羯摩　一卷　西大原寺怀素

575. 说罪要行法　一卷　义净三藏撰

576. 诸天地狱寿星分限　一卷　终南山宗睿

577. 受菩萨戒文　一卷

578. 最上乘佛性歌　一卷　沙门真觉述

579. 大乘楞伽正宗决　一卷

580. 隋庐山遗爱寺慧珍禅师念佛三昧指归　一卷

581. 梵语杂名　一卷

582. 四条戒并大小乘戒决　一卷

583. 南岳思禅师法门传　二卷　卫尉丞杜朏撰

584. 天台大师答陈宣帝书　一卷

585. 天台略录　一卷

586. 智者揻松赞　灌顶禅师撰

587. 天台智者大师十二所道场记　一卷　灌顶述

588. 法华灵验传　二卷

589. 感通传　一卷　道宣

590. 清凉山略传　一卷

591. 大唐韶州双峰山曹溪宝林传　会稽沙门灵彻

592. 上都清禅寺至演禅师钟传　一卷　大理牛肃对僧至演述

593. 南荆州沙门无行在天竺国致于唐国书　一卷

594. 内供奉谈延法师叹斋格并文　一卷

595. 集新旧斋文　五卷

596. 观法师奉答皇太子所问诸经与义并笺　一卷

597. 叹道俗德文　三卷

598. 扬州东大云寺演和上碑并序　一卷　李邕

599. 唐故大广禅师大和上楞伽峰塔碑铭并序　一卷　陆亘撰

600. 唐扬州龙兴寺翻经院故慎律和上碑铭并序　一卷　李花撰

601. 唐故大律师释道圆山龚碑并序　一卷　李邕撰

602. 大唐大慈恩寺翻经大德基法师墓志铭并序　一卷

603. 大慈恩寺大法师基公塔铭并序　一卷

604. 唐故终南山灵感寺大律师道宣行记　一卷

605. 大唐西明寺故大德道宣律师赞　一卷

606. 天台大师答陈宣帝书　一卷

附　录　307

607. 大唐新修定公卿士庶内族吉凶书仪　三十卷　郑余庆重修定

608. 开元诗格　一卷　徐隐泰（肃然）撰

609. 祇对仪　一卷

（青本小注　叹德文　一帖；道情　一帖）

610. 判一百条　一卷　骆宾王撰

611. 祝元膺诗集　一卷

612. 杭越寄和诗集　一卷

613. 诗集　五卷

614. 法华经二十八品七言诗　一卷

615. 大毗卢遮那大悲胎藏大曼荼罗　一铺

616. 金刚界大曼荼罗　一铺

617. 供养贤圣等七种坛样　一卷

618. 金刚界三十七尊种子曼荼罗样　一张

619. 金刚界八十一尊种子曼荼罗样　一张

620. 法华曼荼罗样　一张

621. 胎藏曼荼罗手印样　一卷

622. 南岳思大和尚示先生骨影　一铺　三幅　彩色

623. 天台大师感得圣僧僧影　一铺

624. 阿兰若比丘见空中普贤影　一张

625. 法惠和上阎王前诵法花影　一张

626. 山登禅师诵法华感金银殿影　一张

627. 惠斌禅师诵法华神人来拜影　一张

628. 映禅师诵法花善神来听经影

629. 定禅师诵法花天童给事影　一张

630. 惠向禅师诵法花灭后墓上生莲华及墓里常有诵经声影　一张

631. 秦郡老僧教弟子感梦示宿因影　一张

632. 道超禅师诵法华感二世弟子生处影　一张

633. 法惠禅师诵法华口放光照室宇影　一张

634. 大圣僧伽和尚影　一张

635. 舍利五粒、菩萨舍利三粒、辟支佛舍利二粒盛在白蜡小盒中

参考书目

中文部分

1.《入唐求法巡礼行记》《大日本佛教全书》本

2.《入唐求法巡礼行记》 顾承甫、何泉达点校 上海古籍出版社一九八五年

3.《中日文化交流史论》 梁容若 商务印书馆一九八五年

4.《入唐求法巡礼行记在中国的最早刻本》 顾承甫 见《中日文化与交流》(三) 中国展望出版社一九八七年

5.《汉唐佛教思想论集》 任继愈著 人民出版社一九八一年

6.《隋唐佛教史稿》 汤用彤著 中华书局

7.《学术论文集》 汤用彤著 中华书局一九八三年

8.《中国佛教史》 黄忏华著 上海文艺出版社影印

9.《唐代佛教》 范文澜著 人民出版社一九七九年

10.《佛学大辞典》 丁福保编纂 文物出版社一九八四年

11.《宗教词典》 任继愈主编 上海辞书出版社

12.《简明中国佛教史》〔日〕镰田茂雄著 上海译文出版社一九八六年

13.《隋唐佛教》 郭朋著 齐鲁书社一九八〇年

14.《中国佛教》（一——四册） 中国佛教协会编 知识出版社一九八〇——一九八九年

15.《中国传统文化中的儒道释》 汤一介著 中国和平出版社一九八八年

16.《周叔迦佛学论著集》 中华书局一九九一年

17.《唐会要》 王溥著 中华书局一九五五年

18.《五十年来汉唐佛教寺院经济研究》 何兹全主编 北京师范大学出版社一九八六年

19.《西藏佛教史略》 王辅仁著 青海人民出版社一九八二年

20.《中国僧官制度史》 谢重光、白文固著 青海人民出版社一九九〇年

21.《中国佛教研究史》 梁启超著 上海三联书店

影印

22.《清凉山志》（明）释镇澄著　中国书局点校一九八九年

23.《中国历史地图集》　谭其骧主编　中华地图学社一九七五年

24.《敦煌变文论文录》　周绍良、白化文编　上海古籍出版社一九八二年

25.《中国佛教思想资料选编》第一、二卷　石峻等编　中华书局一九八一——一九八三年

26.《入唐求法巡礼行记校注》　白化文、李鼎霞、许德楠校注　周一良审阅　花山文艺出版社一九九二年

27.《〈入唐求法巡礼行记〉词汇研究》　董志翘　中国社会科学出版社二〇〇〇年

外文部分

1.《慈觉大师传》(《史籍集览》十二册)〔日〕宽平亲王著

2.《入唐求法巡礼行记研究》〔日〕小野胜年著　法藏馆一九九〇年版

3.《入唐求法巡礼行记》（二）〔日〕足立喜六原注　盐入良道补注　平凡社一九八五年

4.《日本佛教史纲》〔日〕村上专精著　杨曾文译　商务印书馆一九七九年

5.《日中文化交流史》〔日〕木宫泰彦著　胡锡年译　商务印书馆一九八〇年

6.《日中两千年》〔日〕中村新太郎著　吉林人民出版社一九八〇年

7.《唐大和上东征传》〔日〕真人元开著　汪向荣校注　中华书局一九七九年

8.《圆仁——唐代中国之旅》〔美〕赖肖尔著　田村完誓日译本　东京原书房一九八五年

9.《历史研究》〔英〕汤因比著、曹未风等译　上海人民出版社一九六二——一九六四年

10.《中国五—十世纪的寺院经济》〔法〕谢和耐著　耿升译　甘肃人民出版社一九八七年

11.《追寻圆仁的足迹》〔日〕阿南史代著　雷格译　五洲传播出版社二〇〇七年

出版后记

星云大师说:"我童年出家的栖霞寺里面,有一座庄严的藏经楼,楼上收藏佛经,楼下是法堂,平常如同圣地一般,戒备森严,不准亲近一步。后来好不容易有机缘进到藏经楼,见到那些经书,大都是木刻本,既没有分段也没有标点,有如天书,当然我是看不懂的。"大师忧心《大藏经》卷帙浩繁,又藏于深山宝刹,平常百姓只能望藏兴叹;藏海无边,文辞古朴,亦让人望文却步。在大师倡导主持下,集合两岸近百位学者,经五年之努力,终于编修了这部多层次、多角度、全面反映佛教文化的白话精华大藏经——《中国佛教经典宝藏》,将佛教深睿的奥义妙法通俗地再现今世,为现代人提供学佛求法的方便途径。

完整地引进《中国佛教经典宝藏》是我们的夙愿,

三年来，我们组织了简体字版的编审委员会，编订了详细精当的《编辑手册》，吸收了近二十年来佛学研究的新成果，对整套丛书重新编审编校。需要说明的是此次出版将丛书名更改为《中国佛学经典宝藏》。

佛曰：一旦起心动念，也就有了因果。三年的不懈努力，终于功德圆满。一百三十二册，精校精勘，美轮美奂。翰墨书香，融入经藏智慧；典雅庄严，裹沁着玄妙法门。我们相信，大师与经藏的智慧一定能普应于世，济助众生。

东方出版社

图书在版编目（CIP）数据

入唐求法巡礼记/潘平 释译．—北京：东方出版社，2020.5
（中国佛学经典宝藏）
ISBN 978-7-5060-8544-1

I.①入… Ⅱ.①潘… Ⅲ.①圆仁（794~864）—日记②《入唐求法巡礼记》—注释③《入唐求法巡礼记》—译文 Ⅳ.①K242.406②B949.931.3

中国版本图书馆CIP数据核字（2015）第267865号

本书中文简体字版权由上海大觉文化传播有限公司独家授权出版
中文简体字版专有权属东方出版社

入唐求法巡礼记
（RUTANG QIUFA XUNLIJI）

释 译 者：	潘 平
责任编辑：	王梦楠 杨 灿
出 版：	东方出版社
发 行：	人民东方出版传媒有限公司
地 址：	北京市朝阳区西坝河北里51号
邮 编：	100028
印 刷：	北京市大兴县新魏印刷厂
版 次：	2020年5月第1版
印 次：	2020年5月第1次印刷
开 本：	880毫米×1230毫米 1/32
印 张：	10.75
字 数：	176千字
书 号：	ISBN 978-7-5060-8544-1
定 价：	65.00元

发行电话：（010）85924663 85924644 85924641

版权所有，违者必究

如有印装质量问题，我社负责调换，请拨打电话：（010）85924602 85924603